Joy of Beauty

綺麗って、素晴らしい

〜カジュアルサロンのちょっといい話

ジョイ オブ ビューティ やまなか 代表
山中　一江
Kazue Yamanaka

文芸社

はじめに

「せっかく助けていただいた命なのだから、これからは好きなことを思いっきりやるんだ！」

今からおよそ一〇年前、乳がんの摘出手術を受けた私は、そう決意したのです。それはまるで失った片方の乳房と引き換えのように、私の中にわき起こりました。

では好きなこととは一体何なのでしょうか？　女性なら誰もが考えるかもしれませんが、私も最初は漠然と〝美しくなる〟ということを思い浮かべていました。そして、イメージだけだったものが次第に輪郭がはっきりし始め、ついに〝エステティック〟という言葉に行きついたのです。

その時、私の人生の目標が明確になりました。私がそれまで携わってきた職業の中で、自分自身が最もやりたかったこと、それがエステティックであるということに、気がついたのです。

私が初めてエステティックに出合ってから、三五年がたちます。当時、私は二〇歳でしたが、それまではエステティックという言葉すら知りませんでした。ただキレイになりたい一心で化粧品メーカーに入ったのです。たまたま、そのメーカーにエステティック専用化粧品があり、そこでエステティックサロンに派遣され、お客さまの顔をマッサージしたり、メイキャップをするようになったりしたのです。

そして、お客さまがキレイになって、皆、うれしそうにお帰りになる。そんな様子を見て、ごく自然に「人がキレイになるって、なんて素晴らしいことなんだろう」という気持ちが心の中にわき上がってきたのです。

社会人になって間もなかったこともあり、またエステティックの〝エ〟の字も知りませんでしたから、当時私は、「えーっ、こんな仕事があるんだ」という素朴ですが、強烈な驚きを感じました。そして「人がキレイになると自分も幸せな気分になる」。そんな喜びにも胸が躍りました。

それこそ本当に毎日「やりがいのある仕事だなあ。お客さまも喜んでくださるし、自分も気持ちよくなれる」と心底、思ったものです。

私はかつて味わったことのない〝エステティック〟の魅力に心を奪われました。その熱い思いが、美に対する情熱の炎を私の心に灯したのです。

現在、私は大阪府堺市で、個人サロンを開いています。サロンは五年前の開業以来、雑居ビルの一室の間借り。トリートメント台は四台のみで、個室もなければ、優雅なジャグジーもありません。これは、私の中にサロンにはお金をかけずにお客さまにお金をかける、という気持ちがあるからです。サロンを豪華にすると、どうしても商品が高額になってしまいます。

そんな中で、多くのお客さまが、「気持ちいい」と言ってお帰りになってくださっています。その言葉の響きは、私が初めてエステティシャンになった時と同じように、日々、私の心に喜びをもたらしてくれるのです。

お客さまの中には、パジャマの上にスエットを着たままの姿で通ってくださる方もいらっしゃいます。そうです。私がどうしても形にしたかったのは、誰もが気軽に立ち寄ることのできるサロンだったのです。従来のサロンのイメージが〝フォーマル〟であるとすれば、カジュアルなサロンをつくりたかった。しかも、それを私の本拠地である堺市につくりたかったのです。

「サロンはお金がかかるもの」というイメージがなくなれば、誰にとってもエステティック・サロンがより身近になるでしょう？

お金があろうと、なかろうと、キレイになりたいという女性心理は変わるはずはありません。誰でも、できることならキレイなまま、年をとって人生を楽しみたいと思うものです。

それなら、お金がさほどかからず、通うのにも肩が凝らない、しかも大手エステと同等か、それ以上の高い技術力と信頼性を兼ね備えたサロンがあったって、いいはずだ。というよりも、私自身、女性なら誰もが利用でき、しかもキレイになる、結果の出るエステがあったらどんなにいいだろう、と常々思っていたのです。

仕事を持たない一般の専業主婦がお小遣いの範囲で行くことのできるエステがあれば、女性はみんなキレイになれるでしょう。しかも、いつまでも続けることができます。美容院感覚で行くことのできるお手軽さ。それこそが利用しやすい、快適なサロンの条件なのではないでしょうか？

そして私の出した結論はこれです。

「美顔一回一時間一五〇〇円、入会金無し、ローン無し、化粧品の購買義務無し。キレイになるという結果を出すためにお肌にいいことしかしない」

私はこの本を通じて、すべての女性にお伝えしたいと思います。

皆さん、エステティック・サロンは見えを張って無理をして行くところではありません。

お金をかけずに気軽に、キレイになるための場所です。みんなそろって美しくなりましょう。生き生きと健康的に人生を楽しみましょう、と。

でも誤解はしないでください。私は決してエステティック・サロンに行くことだけをおすすめしているわけではありません。いろいろな事情でエステには通えないという女性も大勢いらっしゃるはずです。そういう方は、毎日の肌のお手入れ、化粧品の選び方や使い方、そして食生活等の正しい知識を身に付けていただくだけで、今抱えているトラブルが緩和され、よりキレイになっていただくことができます。

そうした、皆さんのキレイのために、この本をお役立ていただきたいと思います。皆さんの中に「どうせ年だから。どうせ何をしても同じだから」という人が、もしもいらっしゃるならば、あえて言わせてください。

建前なんか捨てて本音でいきましょう。

それこそ、キレイへのファースト・ステップだと思いませんか？

綺麗って、素晴らしい～カジュアルサロンのちょっといい話●目次

第2章

体験談

プロローグ

特別潜入レポート

評判サロンの徹底検証

〜〝安い。肩が凝らない。キレイになれる〟
ってホント？

「えー、大丈夫?」から「なるほど!ごもっとも!」に気持ちが変わる

～絶妙カウンセリングの実態

大阪に「美顔コース一時間一五〇〇円」という、とてつもなく安く、しかも効果も高いエステがあるとの情報を聞いた。百聞は一見にしかず。「安い。肩が凝らない。キレイになれる」との評判を確かめるべく、とにかく大阪へ行ってみることにする。

○

目指すのは新大阪駅から地下鉄御堂筋線難波駅を乗り継いで南海高野線の百舌鳥《もず》八幡《はちまん》駅だ。駅から歩いて四～五分。そのエステはビルの三階にあった。入り口のドアに女性の目元が描かれたステッカーが張られている。ここだ。

「フゥッ!」

深呼吸をしてドアを開ける。

「すみません」

「はい、いらっしゃいませ!」

元気のよい複数の声に出迎えられる。とても温かい雰囲気の女性が出てきた。しかも、そこにあるのは営業スマイルではない。本物の笑顔だ。

「いらっしゃいませ。さあ、どうぞ中にお入りください。靴はそこでスリッパに履き替えてくださいね」

「あ、はい」

そう言って靴を履き替えながら、さりげなく辺りを見回す。黒い椅子が二つとサイドテーブル一つ。壁にはポスターやチラシの類が所狭しと張ってある。

それらを順に目で追うと、複数の化粧品メーカーのポスターやパンフレット。さらには「コラーゲンとは？」「なぜ紫外線予防が必要なの？」などの美容情報の数々。中には「北条病院いわき会ケアサービス」、「手作りパンと珈琲のお店」などの地域情報もある。どれも「ご自由にお持ちください」と書かれており、思わず数枚手にとってパラパラッと内容を見てしまう。

エステの待合室には、大抵トリートメントの内容を説明した豪華なメニューや化粧品のパンフレットが置いてあるものだが、ここにあるのはお肌を守るための情報や生活情報の類。逆にサロンの商品を直接的に説明しているものは化粧品メーカーのキャンペーン情報以外ほとんどない。少し意外な感じがした。

「東京からお電話をいただいた方ですね。では早速ですが、お肌の状態をみますから、この紙に記入してください」

「はい、分かりました」

緊張しながらも、必要事項に書き込んでいく。項目は、使っている化粧品や、肌の手入れ方法、そして好きな食べ物の傾向や食生活等といったことが大体二〇くらいだ。

「あの、書き終わりました」

すると先ほどの女性が、ピンクのマーカーでササッと線を引き出した。そして、やおら説明を始める（後で分かったことだが、その女性こそ、このエステのオーナー兼先生だった！）。

「ピンクの線が引いてあるところに注意してください。まず、洗顔。お客さまの場合、夜のダブル洗顔をしていないのがネックです。汚れには油で落ちる汚れと洗顔剤で落ちる汚れがあります。大気汚染は皮脂と混ざり合って脂汚れになる。またメイクも油で落としてからでないと駄目ですよ。キレイに落ちません。お客さまは車か自転車に乗ります？」

「ええ、自転車には乗りますけど」

「そう、それでしたらお分かりになると思いますけれど、手に油がついたら、普通の石鹸で洗っても落ちないですよね？　油で洗うと落ちるでしょう。それと同じなんです。油は油でしっかり落としてください。もともとスキンケアの成分ってお肌の中に入っていくものでしょう。だからきちんと汚れを落としてからでないと、それこそ汚れをそのままお肌に押し込めていくような感じになるんですよ。まず油を落とす、次に汚れを落とす。これが基本です。きちんとダブル洗顔をしてくださいね」

なるほど、油は油で落とす。分かりやすい説明だ。先生はある一定の穏やかなリズムを保ちながら、その後もさまざまなアドバイスをしてくれた。

まずは私の化粧崩れの原因について。先生によれば考えられる原因は二つで、一つは脂性肌のため、私の皮脂とファンデーションの油が混じり合うことによるものだそうである。もう一つは甘いものと脂っぽい食べ物が好きなため、もともとアルカリ性の体が酸性に傾いて毛穴が開き、脂が出やすくなる、ということだ。

「甘いものも脂浮きの原因になる」

続いて肌に影響の出やすい便秘について。私の場合、考えられる原因は、繊維質が足りていないのではないか、という点。そこで繊維質がきちんととれているかどうかを見分ける方法を教わる。トイレで便が水に浮くか沈むかの違いで簡単に見分けることができるらしい。

続いて繊維質が足りない場合にはどんな食べ物をとればいいのか聞くと、「レタスやサツマイモをたくさんとること。ただし、生野菜は腸を冷やすので、野菜を低カロリー油で炒めるほうがいい。また温野菜等は栄養素が流れ出てしまうが、お味噌汁などの汁物にすると上手に栄養素がとれる」というのが先生の回答だった。原因だけでなく、その改善法まで分かりやすく答えてくれ、しかもその方法は家ですぐにできそうなことばかり。先生の口から出る情報は本当に〝生きた情報〟という感じがする。

次にファンデーションの選び方とその使い方について説明を受ける。「ファンデーションは水溶性のリキッドタイプを選ぶこと」。先生は水を入れたコップにファンデーションを溶かしながら水溶性のファンデーションの見分け方を含めて、そう説明してくれた。

さらに、「ファンデーションをのばすときにはスポンジではなく、パフやブラシを使うように。スポンジの原材料は石油なので、それがファンデーションの成分と化学反応を起こして肌を黒くする可能性がある」。

これも実際にファンデーションを手につけてスポンジでこすりながら説明してくれた。

理論だけだと難しくて理解できないが、目の前で実例を指し示してくれるのでよく分かる。

そしてこの後先生は、実際に私の肌の様子を見ながら最終的な肌診断をしてくれた。

「毛穴が拡張して肌のきめが粗いため脂浮きがしやすい」

これが私の肌のトラブルだとのこと。そこでトリートメントは脂性肌用トリートメントをすることに決まった。

「さあ、ここまでのところで何かご質問は？」

まさに〝立て板に水〟。とてもとても質問なんて……。しかし、一言加えれば美容情報を一方的にまくしたて、煙に巻くというような感じはまるでない。むしろ、一つ一つかんで含めるように、また知りたいことを具体的に解き明かしてくれる。

「先生ッ！」と、思わず信頼のポーズが出るくらいだ。

引き続きサロンのトリートメントの特徴と使用する化粧品の特性、さらに料金システムについて説明を受ける。その内容をまとめると、おおむね次のようなものであった。

○トリートメントについて

肌に悪いことは一切しないということ。

具体的には、

◇スチームを当てない

理由　肌の水分まで蒸発させてしまい乾燥を招きやすいから

◇吸引をしない

理由　カッピング、いわゆる吸引は毛穴の汚れをとるというより無理に毛穴を開かせることになるから

◇赤外線を使わない

理由　日焼けサロンでの肌のトラブルで分かるように、赤外線も紫外線同様、体に良くないから

「以上三点は、ほかのサロンとは違う」と先生の言葉。なぜそうしないのかという根拠をはっきり説明してくれる点が頼もしい。

○使用する化粧品について

◇すべて弱酸性、無香料、ノンアルコール

◇内容成分はほとんどが天然のもの。例えばスクワランオイルやヒアルロン酸、あるいは生薬など

◇鉱物油は一切使用していない

「今までに化粧品やトリートメントによるお肌のトラブルは一度もないですよ。もちろん、お肌の弱いお客さまでも、そうです」と先生の弁。

○支払いのシステムについて

◇原則一回ずつ現金払い。ローン無し、会費無し。ただし、希望すれば分割払い可

◇二〇〇〇円割得なクーポンチケット展開

◇パック剤をキープした場合のみ、約二〇回分のトリートメントが約一三五〇円（通常より約一五〇円割安）

◇化粧品の購買義務は一切無し

◇ただし、化粧品を購入したい場合には次の二つのお得なシステムがある

◇その一…八〇〇〇円の権利料を支払うと化粧品のディストリビューター（販売代理店）になることができ、定価より約三割引きで購入可能。ノルマや顧客紹介の義務は一切無し

◇その二…限定トライアルキットを買って実際に化粧品を使い、肌に合わない場合は全額返却される。その場合、好転反応と化粧品が合わない場合の違いに気をつける

サロンの特徴、料金体系、それに支払システムもよく分かった。本当に安いんだ。とこ

ろで「好転反応」って何だろう？

「化粧品を変えた場合、ごくまれに、それまで使っていた合成のものが毛穴から出てくることがあるのです。それらが原因となって吹き出物や発疹などが出来ることを好転反応といいます。ただし一カ月たってもそのようなトラブルが続いている場合は、好転反応ではなく化粧品が合わないということ。すぐその化粧品の使用をやめるべきです」との回答がこれもたちどころに返ってくる。

「いずれにしても、化粧品を買うかどうかはお客さまの自由ですよ。安心してください。ここまでのことで、分からないことありました？」

この間、時間にしておよそ三〇分。フェイス・トゥ・フェイスのカウンセリングと、商品説明を受けたが、「この化粧品を購入しては？」とか「このオプションをつけるとさらに効果的です」といったことは何一つなかった。まして化粧品販売の美容部員のように誘導尋問をするとか、あるいは、「もう、お肌のことなら私にお任せ」というような妙に姉御気取りのところもまるで感じられない。

それどころか、話の内容の一つ一つが納得のいくことばかりで、「ふむふむ、ごもっとも」の一言につきる。カウンセリングにしろ、サロンのシステム全般にしろ、とにかくそのポリシーがはっきりしていると感じた。まず利用者にとってメリットのある情報だけを提供、しかも知りたいことを分かりやすくリアルタイムで答えてくれる。だから利用者は情報をその場できちんとそしゃくすることができるはずだ。

「先生の情報は風化しにくいだろうな」

そんな気がした。女性を対象にした、これほどクリアな情報を、しかも丁寧に説明してくれるところはまずないだろう。普通のエステは聞かれたトリートメントの内容を簡単に説明するだけで、その根拠までいちいち説明をしてくれない。まして聞かれないことには答えてくれない。

「へーッ！　先生の情報そのものがこのサロンの売りなんだ」

ちなみにカウンセリングは無料！　です。

半ば感心しながら、トリートメント室にいざ、突入！

おそるべし！　一五〇〇円美顔エステの実力

カーテンを開けると、なんと正面に見えたのは、黒いベッド。整骨院や整体で使うベッドによく似ている。サロンの広さは二〇畳弱だろうか。入り口から向かって左側にロッカーがある。それはスーパー銭湯とか、スポーツクラブにある上下に分かれたタイプ。ベッドは三台のみで、部屋の右手奥にはどうやら遠赤外線サウナ（後で聞いたらマイナスイオンが出るとのこと）と思われる物体と、簡易シャワーが設置されている。その奥の窓際には、先ほど説明があったパックだろう。黒マジックで名前の書かれた化粧品ボトルがズラーッと一列に並んでいる。そして促されるままバスタオルを巻いて、診察台のようなベッドに横たわる。

いよいよフェイシャルトリートメントの開始だ。まず、クレンジング。

「オイリー肌ですが、額に炎症があるので、スクラブは使いません。一般肌用のクレンジングをしますね」

と軟らかい泡がすっぽり顔を包む。クリーミィーというより、どちらかというと気泡が多い感じ。エステティシャンのしなやかな指先と、ホイップのような軽やかな泡があいまって、それだけで夢心地になる。さっきまでの不安が一気になくなる。と思うのもつかの間、いきなり現実に引き戻される。

「あらあら、額に沈着していますね」

「えっ、沈着って？」

「ああ、メラニンのことですよ。このまま放っておけば、間違いなくシミになりますね」

ガーン！　やっぱり年甲斐もなく、海に行ってギンギンに焼きまくったのがいけなかったのだ。反省しきり。それにしても沈着という言葉の持つ残酷な響き。気分は少しブルーになる。

しかし、ハンドマッサージが始まるとまた気分は急転。一瞬にしてリラックスモードになる。エステティシャンのゆっくりとした手の動きによって意識は夢と現実の狭間を行き来する。

「ああ、ほぐれる、ほぐれる」

スルスルと顔の上を指が滑る。その感触はあくまでも柔らかくなめらか。最初に顔に触れた指のひんやり感がまもなく顔の温度と同化する。

「これが噂のハンドマッサージか」

これぞまさしく至福の時。全身が解きほぐれるような、究極のマッサージテクニックだ。それは美容院で受ける顔ツボマッサージとはまったく別物だ。

「心地よさよ、永遠なれ」

それは私の数少ないエステ経験における〝全身マッサージ〟の気持ちよさに匹敵する。

しかし、そう思っているうちに無情にも終わりを告げる声が耳に響いた。

「通常はスクワランオイルでマッサージしますが、オイリー肌なので、さっぱりタイプでマッサージしました」

次は、機器を使ったマッサージ。ロール状のものが顔を刺激する。コロコロと肌の上をボールが転がる感じがする。でも個人的には、ハンドマッサージのほうが断然心地よい。

「炎症が起きている部分の菌を殺すためにオゾンでマッサージしました」

おそらく、二週間前に美容院でかけたストレートパーマが原因だろう。パーマ液の液ダレがひどく、額がチクチクと痛んだほどだったのだ。

そしてパック。少しひんやりする。

「額の一部分ですが、お肌が痛んでいるのでアルカリ性に偏っている可能性があります。少しピリピリするかもしれません。でも、すぐに治まりますよ」

幸い、ほとんどピリピリ感はなかった。よかった。私のお肌は、見た目よりも健康なのだ。

「パックは脂分を吸着するのを使いたかったのですが、額に炎症があるのでやめました。刺激が強すぎますからね。きょうは普通の泥パック、ミネラルの弱酸性タイプを使いました」

そして最後はヘッドギアならぬ、フェイスギアのようなものをつける。

「これはバイオニックセルサーといって、細胞の新陳代謝＝ターンオーバーを正常化に導くものです。お肌の上の活性酸素をとるためノンオキシンのエッセンスをプラスして使いますね。このエッセンスは肌質によって種類を変えます。お客さまは脂性肌なので、皮脂の過剰分泌を抑えるタイプのものにします。活性酸素というのは大気中の汚染や紫外線、それに化粧品でも発生します。細胞というのはもともとプラス・マイナスがあって、それが上手にバランスがとれているとき、健康なお肌といえるんですが、少しでも崩れると、ほかのところから足りない部分を補おうとするので、さらに細胞のバランスが崩れてしまいます。そのもとになるのが活性酸素。体内に活性酸素がたくさん発生すれば、当然お肌の上にも発生してきますから、お肌のバランスを崩すことになるんですよ」

ちなみに、この機器によるマッサージは、大手のサロンだとオプションで約二万円するという。二万円という説明に意識は完全に覚醒。超現実的な世界へ引き戻された感じだ。

「さっきのメーンイベント、ハンドマッサージの夢心地は何だったの？　まやかしだったの？」

そして約二〇分。整骨院で低周波治療を受けている感覚に近い。それ自体は気持ちいいのかどうかは分からない。

最後に仕上げ。サロンでは整肌、あるいはスキンアップというらしい。

「オイリー肌用の乳液を塗って、さらに日焼け止めを塗りました。これで終了です」

さあ起きようと思ったら、今度は指圧だ。

「一時間横になっていらっしゃるので、体が固まっているでしょう？　はい、これで大丈夫です。お疲れさまでした」

いきなりの指圧にいささか驚く。確かに、体は心地よい疲労感。ただし、一時間はあっという間だった。二、三〇分しか経っていないような感覚だけれど……。

「どうぞ、ご自由にお使いください」

そうすすめられたのは、化粧品とドライヤーだった。化粧品は先生がおっしゃる通り、リキッドファンデーションをつけてみる。

「指先でトントンと軽く叩くようにしてお肌になじませてください」

そうか。ごしごしなすりつけてはいけないのだ。

と、その時、お肌が確かに変わっているのを実感した。まるでお風呂上がりのように顔だけポッポと上気しているのだ。いくらファンデーションを塗っても、赤ら顔のような頬の色は隠しきれない。頬だけ見ると、まるで発熱した子供のよう。後で聞くと、それはお肌の新陳代謝が活発になったために明るい肌色を取り戻した、ということだったらしい。しかもファンデーションをのばす指にしっとりとした感触と確かな弾力が蘇っている。さらに何よりも驚いたのは額。べったり脂が浮いていた、あのいつもの私の額ではない額がそこにあった。

「エーッ、すごい。一回だけでこんなになるんだ」

かなり気分は高揚した。そして着衣を身につけ待合室へ。間髪を入れずに「お飲み物をサービスさせていただいています。コーヒー、それとも紅茶、日本茶や昆布茶もご用意してありますが」

至れり尽くせりとはこのこと。

「コーヒーをいただけますか?」

コーヒーのほのかな香りが鼻をくすぐる。

これで、一番安い価格のコースだ。しめて一五〇〇〇円で、本当にお得。ただ正直、この時はまだ、「今、トリートメントをしたばかりだから。時間が経たなきゃ本当のところは分からない」

そう思うもう一人の自分がいた。そしてものは試しとばかり、私は翌日まつ毛パーマと化粧品を調べてもらう約束をした。

「お疲れさまでした。寒いのでお気をつけて！」

帰りしな、スタッフが玄関までお見送りをしてくれた。

「あっ、どうもありがとうございました」

少し照れくささを感じながらも、温かい気持ちで帰途についた。

安心。納得。満足。
～化粧品チェックサービスと一カ月半もったまつ毛カール

翌朝。無意識のうちに額に手がいく。不思議だ。手のひらに脂がつかない。べっとりしない。

「へーッ！」

とにかく驚いた。エステの底力をまざまざと見せつけられた思いだ。浮かれ気分で二度目の来店。まずはまつ毛カールに挑戦してみることにした。

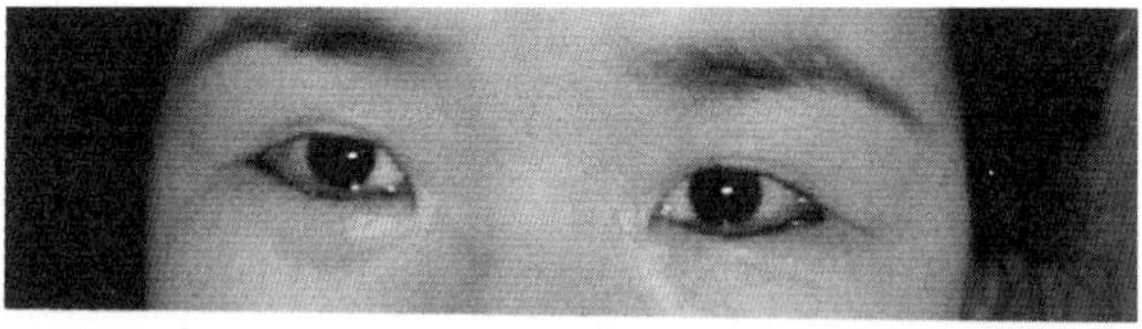

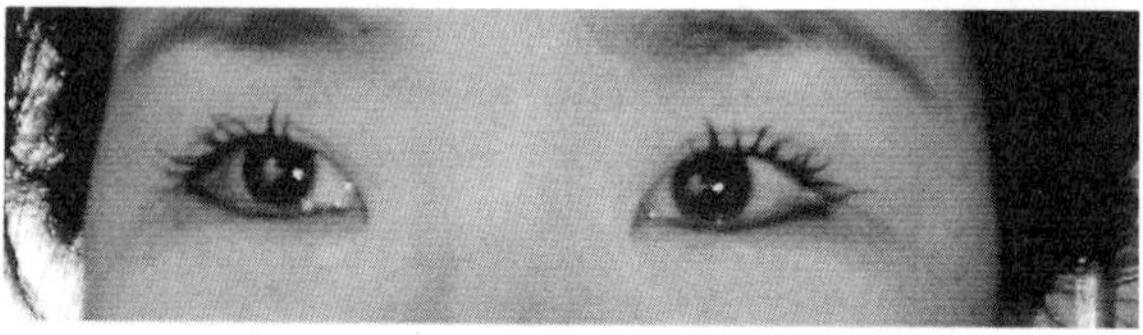

「3D立体まつげ」で目もとぱっちりに

「どうします？　自然にカールしますか？　思いっきりあげますか？」

「どうせなら思いっきりあげてください。私、スダレまつ毛なんで……。でも本当に（まつ毛が）切れたりしないですよね」

その時ちょうどまつ毛カールを終えたお客さまと遭遇する。

「大丈夫ですよ、ここは上手だから。もう、顔が変わりますよ。目がぱっちりしますからね。とにかく、本当にビューラーがいらないんです。すっごい楽」

とはいえ、この時はまだ半信半疑状態。

「液をつけるんだから、まつ毛にいい訳はない」

でも、まあ、とにかくやってみよう。一カ月もすれば新しいまつ毛も生えてくるらしいし。そして待つこと四〇分。時々、ワックスで脱毛するようなべリベリという音がした。

「ゲッ、まつ毛が抜ける！」

恐怖はおさまらない。気を紛らわす意味も含めて恐る恐る、しかも図々しく質問をする。

「スリミングに興味があるんですけれど、ここでなさるんですか？」

「そうですよ。このベッドは見た目がとても無骨でしょう？　でも、値段的には大手サロンのものと変わらないんです。なぜこのベッドを選んだかというと、丈夫だし、スリミングのもみ出しをするのに高さがちょうどいいからなんですよ。もちろんフェイシャルにもちょうどいい高さです」

なるほど、整体の診察台を思わせるベッドにも納得！　の理由があったんだ。

そうこうしているうちに終了。

「どうですか？　バッチリ上を向いていますよ」

そう促されて鏡を見ると、きちんとカールしている。

「ほんとだ。嘘みたいです。これでしばらくビューラーがいらないんですね。うれしい」

これで二〇〇〇円。心がホクホクするような感じだ。ちなみに心配したまつ毛の切れ毛、抜け毛は一本も無し。

続いて今度は化粧品のチェックをお願いすると、次のような結果が出た。
◇化粧水……ドラッグストアの店頭に無造作にぶら下がっていたもの。国内のK社のもので七五〇円。結果は合格。弱酸性で、鉱物油も入っていないとのこと
「安いと心配でしょう？　でも、分かりましたか？　安くてもきちんとした商品はあるんですからね」
◇美容液、ホワイト・エッセンス、アイ・クリーム……すべて無添加化粧品。結果は合格。弱酸性、無鉱物油、無香料、防腐剤は無し。ただし、ホワイト・エッセンスは、ほかのものと比べると多少中性に偏っているとのこと
「洗顔後なるべくこのホワイト・エッセンスを最初に使ってください。そうすればほかの化粧品がお肌を自然と弱酸性にもっていってくれますからね」
◇フランス製D社の日焼け止め、同時にフランス製C社の化粧水……結果はいずれも合格。弱酸性、無鉱物油
「フランス製のものは日本製のものと比べるとどうしても香料が入っているものが多いんです。これも香料はきついので、お肌が痛んでいる時は使わないほうがいいですよ」
◇個人的には最も信用しているフランス製L社の乳液……結果はアルカリ性だった。信頼

していただけに、そのショックは大！

　以上、一概にはいえないが、私なりに化粧品を選ぶ時の一つの目安が出来た。私の場合、コスメフリークなどというおしゃれなものではない、コスメホッパーだった。化粧品を「とっかえ、ひっかえ」という感じだったのだ。もともとは思春期でさえもニキビが出来ないようなノーマルスキンだったが、社会人になってトラブル続出。まず、ニキビ、吹き出物に悩んだ。その後ニキビを改善するための脱脂パック、アルコールの入った化粧水によって出来たチリメンジワに悩まされた。そして少し良くなったと思ったら、今度はコンビネーションスキンに。そうやって、海外ブランドばかり六社渡り歩いた。商品については美容部員のアドバイスを思いっきり鵜呑みにして購入していた。そうしてやっとたどり着いたのが、国内通販メーカーの無添加化粧品。使い続けるうち額の脂浮きは多少あるものの、トラブルらしいトラブルがないところまで、肌が回復した。そして現在もそれを使い続けている。先生の話によれば、どうやらその選択は間違っていないらしい。無添加、弱酸性、無鉱物油、無香料の表示は信用できるものだとか。ひとまず安心。ところが、先生のお話はこれだけでは終わらなかった。

「これは、参考までに」

そう言って、さらに先生はお客さんが置いていったという化粧品についてもいろいろ調べてくれた。その内容は次の通りだ。

◇国内メーカーP社のメイク落とし。天然水使用、アロエエキスと海草エキスが入っていると表示がされたもの

◇国内メーカーＩ社のきゅうりパック

◇一時大ブームになった中国製の海草石鹸

結果は以上三点、すべてアルカリ性。

「野菜や海草といってもミネラルではない……⁉」

先生曰く「自然化粧品といってもすべてが安全だとは言い切れないんですよ。成分というのは一滴入っていても、半分入っていても表示することができます。今は本当にいろいろな化粧品がありますから、まずメーカーから成分表を取り寄せてください。そうして〝表示指定成分〟の見分け方といった本を参考にしながら、ある程度の理解をしたほうがいいと思いますよ。それと分からなかったら、メーカーに問い合わせてみるのもいいですね。それで、きちんと答えてくれないようなら、あまり信用はできないと思ってもいいんじゃあないかしら？」

さらに数年前、ベストセラー商品になったナイト用の美容液が肌の表面にろうをつけることによってツルツル感を出したものだったという先生の説明も初耳の情報だった。

「一応の目安ですけどね」と正してから、先生は化粧品の見分け方の目安を教えてくれた。例えば香料やアルコールの入っているものは手につけると、いつまでもにおいが残る。また油性の化粧品の場合は、手につけていつまでも油臭ければ鉱物油だし、スーッとなじめば天然オイルだという。

話を最後まで聞いて、得した気分になった。訳の分からないうちにたくさんの化粧品を買わされた空しさ、悔しさとはまるで対極だ。

「ありがとうございました！」

思わずそう叫びたくなるほどの充実感であった。ちなみに昨日と今日の二日間の出費はしめて三五〇〇円。一回の美容院代より安い。時間にして約三時間、密度の濃い時間を過ごすことができた。

「ここにはトリートメント以外に気持ちのいいものがある」

それは〝営業トークではない使える情報〟だ。

○

このサロンを体験してみて思ったこと。初め、ここは整骨院か鍼灸院？　と思うようなベッドに少しビックリ。でもトリートメント後一カ月たっても額の脂浮きはほとんどない。あぶらとり紙が手放せなかった毎日が嘘のようだ。しかもその寿命一カ月と告げられたまつ毛カールは、何と一カ月半もった！

そのうえお店では、化粧品を買わされるわけでもなく、使っている化粧品が良いものかどうかまでチェックしてくれた。トリートメントの内容、サロンの雰囲気、スタッフの対応を考えれば満足度はかなり高い。

「安い。肩が凝らない。キレイになれる」という評判は本当だった。エステといえば年に何回か「自分へのご褒美に」と、全身マッサージを受けるくらいがせいぜいの私にとっては新鮮な発見だった。それにしても雰囲気といい、サービスの内容といい、今までのエステとはまるで違う。行きつけのスキンケアクラブとでもいったほうがピンとくるようなサロンだ。もちろん一番違うのは先生。エステティシャンというより、〝美の職人〟といった感じ。そこには確かなポリシーがある。家の近くにこんなサロンがあったら、それこそお散歩がてら、ちょくちょく立ち寄るだろう。

最後にちょっとお願い。トリートメント後、ドライヤーを使わせてもらえるのはうれしいが、私のようなクセッ毛には普通のドライヤーより、くるくる式ドライヤーのほうがもっとうれしいと思う。

「遠くからお越しいただいてありがとうございました。また、お近くにお寄りの際はぜひいらっしゃってください」

そう言ってお見送りをしてくださった先生、本当にありがとうございました。

第1章

誰もが綺麗になるサロンを つくりました

～大阪発「安かろう、良かろう」の等身大エステ

「そもそもエステティック・サロンって何をしてくれるの？」

まずは、ある女性による体験レポートを読んでいただきました。サロンの雰囲気がよく伝わったかと思います。ちなみに彼女は、今や〝遠距離リピーター〟なのです。

さて、〝エステ〟という言葉自体は、この一五年ほどでかなり浸透してきています。しかし、その実態となると、実際に利用した女性でもよく分からないという方が多いのではないでしょうか？　そこで、エステティック・サロンとはどういうサービスを提供する場なのか、少し整理をしてみましょう。

プロのエステティシャンによる美容的な全身のお手入れのことを、一般的に〝エステティック〟といいます。サロンはそうしたお手入れをする場所のことです。具体的には顔や全身の肌のケア、プロポーションのメイキング、さらには、むだ毛の処理、メイキャップにまで及ぶサービスをするところです。

エステティックはもともとフランスで生まれた美容術で、フランスではソワン・エステティックと呼ばれ、このソワンという言葉にはフランス語の「手当て」「気配り」といった意味があるそうです。エステティック・サロンという言葉から、このような人の温もりがあふれる場所を思い描いていただけたでしょうか？　中には豪華なしつらいの少し無機質な場所という印象を抱かれている方もいらっしゃるかもしれません。私のサロンでも、この〝気配り〟をとても大事なものと考えています。「お客様にキレイになって欲しい」という気持ちを何よりも大切にしているのです。そうした気持ちがなければ、お客様に満足していただける商品をご提供すること自体が難しくなってしまいます。

ところでこのエステティック、本場フランスでは、肌のお手入れという目的ばかりでなく、疲れの激しいときや、または友人、恋人との再会、あるいはパーティーなど、特別な日のスペシャル・ケアのために、生活の一部に組み込んで頻繁に利用する女性が実に多いそうです。そうはいってもフランスでもエステティックは高価な美容ですから、通うことができる人は一部の高収入の女性に限られているとのことです。

日本のサロンもそうしたフランスのサロンにならってつくられたものが多くなっています。瀟洒《しょうしゃ》な建物や豪華な設備、また使用する化粧品＝サロンコスメはフランス製、さらに会員制やローンでの支払を取り入れているのが現在のサロンの主流です。しかし私はそのことに少し異論があるのです。まず何よりも、フランス人と日本人の肌質が違うからです。

欧米人は、私たち東洋人に比べて、もともとメラニン色素が少なく色白です。メラニン色素は紫外線を受けると、その害から肌を守るため大量に発生します。この後天的に大量発生したメラニン色素がソバカスのもとになりやすいのです。東洋人に比べて欧米人にソバカスが多いのは、そのような理由からです。そして、フランス人の肌は二〇歳を過ぎると急激な曲がり角を迎えます。もともとの体質の違いなのでしょう。三〇代になると日本女性とは比べものにならないほど、シワ、シミ、タルミが目立つようになってしまうのです。

このように持って生まれた肌質が違いますから、トリートメントに使う化粧品も自ずと変わってくるべきなのです。さらに、フランス人は比較的においの強い香水を好みます。化粧品も自然と香料の強いものを使うのが当たり前になっているようです。しかしながら、アレルギー肌や敏感肌の女性にとって香料は好ましくありません。また、フランスというのは歴史的にみても階級意識が明確なお国柄ですから、エステにかかわらず高級会員制のシステムが定着しています。これらをあわせみて、生活習慣や国民性そのものが異なる日本にフランスのサロンをそのまま移行することには無理があるように感じられるのです。フランス風の高級エステの優雅な雰囲気はすてきだけれど、なんとなくしっくりこない気がしてしまうのは私だけでしょうか？

そういえばこんな噂も聞きました。日本のエステでの話ですが、なんでもシャネル・スーツに身を固めて行かないとエステティシャンに相手にされない、という時期もあったそうです。エステティック・サロンは、「キレイになるための非現実的な仮想空間。そこにはワン・クラス上の贅沢な時間が約束されているはず」というのが、日本の女性の一般的な認識なのかもしれません。

本来エステティック・サロンは、素肌を美しく維持させるために心身のバランスをとり、リフレッシュすることを目的とした場所です。そこに求められるのは何よりもバランス感覚なのです。等身大で、より自然体な日常空間であってこそエステティックの真の恵みが得られるのだと私は思います。

前述のように、私のサロンにはパジャマの上にスエットを着て来店されるお客様がいらっしゃいます。また、エプロン、サンダル履きで「予約の時間がきたから、このままで来ちゃった」というお客様もいらっしゃいます。私はこのようなお客様がもっと増えるといいと思っています。

「ジョギングの合間に」

「お買い物のついでに」

「なんとなく気が向いたから」

そんな気軽さでサロンを利用して一人でも多くの女性がキレイになる。とても素晴らしいことではありませんか？

本来サービスというのは、お客様に合わせた満足を提供するという意味だと私は思っています。もちろんエステティック・サロンのサービスも同様です。フランスにはフランス人の美意識や価値観に合ったエステがあるでしょうし、また、日本でもお金をかけて贅沢な空間を一人占めにしたいという人にとっては、今主流の豪華サロンもいいでしょう。しかし、慌しくて誰もがストレスを抱えている今の時代、何よりも手軽に気楽に利用できる雰囲気のいい、良質なサロンを必要としている女性が多いのではないかと思うのです。私のサロンでは、一人でも多くのお客様に利用していただけるように、品質の高い商品を可能な限り低価格で提供することを心がけています。前にも述べましたが、設備を必要以上に豪華にすることはしません。しかも、各トリートメントにはできるだけ多くのメニューを盛り込むようにしています。〝安い〟というふれ込みでサロンを訪れたところ、実際にはオプション・メニューが多く、かえって高額になったという話は、ほかのサロンに行ったお客様からよく伺いますから。

例えば、肌の再生機能を促すバイオニックセルサーという美容機器があります。これを利用することによって、トリートメントがより効果的に肌に働くのです。もともと外科医が傷痕を早く治すために開発した機器を、エステ用に作り直したものだそうです。最近はほとんどのエステで導入していますが、通常これを利用すると大手サロンの場合、大半がオプション扱いです。二〇分で一万八千円から二万円くらいが相場ではないでしょうか？私のサロンではすべての〝美顔〟レギュラーコース、つまり一五〇〇〇円の料金の中で、この機器を使ったサービスをご提供しています。

キレイな女性の基準の根底にあるのは、常に「肌の美しさ＝素肌美」です。私のサロンも〝美顔〟を利用される方がほとんどです。〝美顔〟のレギュラーコースにこの機器を組み込むことで、お客様の大半の方に、高いトリートメント効果を実感していただくことができるのです。

補足になりますが、トリートメントとはエステティシャンによる肌のお手入れのことです。大きくはフェイシャル、顔のケアと、ボディ、体のケアに分かれます。フェイシャル、つまり美顔には、通常のスキンケアとトラブルをケアする目的別ケアがあります。ボディケアには体の一部を集中的にケアするものと、全身のスリミングを目的にしたものがあります。このほかに脱毛、まつ毛カールや落ちないメイク等があり、トータルで全身を美しくするためのメニューをそろえています。

エステ・サービスの基本
～スキンケア効果とリラクゼーション効果

エステティック・サロンが基本サービスとしてお客様にご提供すべきこと。それはトリートメントにおけるスキンケア効果とリラクゼーション効果ではないでしょうか？　スキンケアは、簡単にいえば肌の美しさを引き出す直接的な施術のことです。私のサロンでは、何よりも結果を出すことが第一です。つまり〝お客様の肌に合ったトリートメントを施すことでお客様に満足していただく〟のが、本来のスキンケアだと考えています。

リラクゼーションは、さわられることによる五感の刺激が主な作用です。時間をかけてゆっくりとくつろぎながら、人からマッサージを受ける。横たわっているだけでストレスが解消され、自然と心が安らいでいく様子を皆さんイメージしてみてください。エステティック・サロンでフェイシャル・ケアを受けたのに、「あまりリラックスできなかった」という場合があると思います。これは、本来受けられるべきサービスを提供できないサロンに料金を支払ってしまったと考えていいのです。

「ここに来るだけでリラックスできる」

そうおっしゃるお客様の言葉こそが、私のサロンにとってかけがえのないものです。中には「ここでの一時間は至福の時よ」とおっしゃってくださる方もいらっしゃるくらいです。私のサロンでは、お客様の多くがトリートメントの最中に「スースー」と寝息をたててお休みになってしまわれますし、時にはご家庭でのお悩みをずっと話し続けられる方もいらっしゃいます。お客様にとってはお金を支払われて獲得した安らぎとリラクゼーションです。私たちは眠っている方を無理に起こしたり、話を中断したりするようなことは決してしません。まして悩み事というのは、肌のトラブルに関する原因を探る大切なヒントにもなります。私たちは聞き漏らさないように一つ一つ慎重に耳を傾けるのです。

いずれにしても、肌をさわられることによって張り詰めた緊張が解きほぐされる、また悩みを話すことでたまっていたストレスが発散できる。そうやって心身が癒されていくのは本当に心地よいものです。どんなお客様でも「あー、気持ちがよかった」、「あー、すっきりした」とおっしゃってお帰りになるのは、心身ともにトリートメントの効果があったためではないでしょうか？

トリートメントの最中は、お客様のしたいように過ごしていただく。これが私のサロンにおいてのリラクゼーションに対する考えです。私のような個人サロンでは、お客様の評判がすべてです。一回でも「あそこはよくなかった」というような評判がたてば、たちどころにお客様は減ってしまいます。ですから前述のように、私のサロンではお客様の肌に合ったトリートメントをすること、そしてお客様の意思を尊重すること、この二点にとても気をつかっています。それらをあわせてみてはじめて、お客様に満足していただけるスキンケア効果とリラクゼーション効果が実現できるのではないでしょうか？

また、私も含めて女性はエステティック・サロンに行って心身が癒されると、明らかに健康状態にも反映されます。健やかになればますます内側から磨きがかかり、さらに美しくなるのです。そうなると今度はオシャレに興味が増し、好奇心の幅が広がりより潤いのある快適な生活が送れるようになるはずです。

ところが、お客様の中には、問い合わせの電話で「ホントに化粧品を買わなくてもいいの？」、「ホントに一括契約をしなくていいの？」と、肌のトラブルや悩みに関する相談というより、サロンの料金システムに関する不安だけを声に出される方が大変多くいらっしゃいます。それはキレイになる以前の問題で、ほかのサロンで高額な金額を支払われ、それに見合った満足が得られず、不信感だけが残ってしまったからそうなったのではないでしょうか？　リラックスするためのサロンに行ったのに、かえって不安を抱えてお帰りになったのでは、お気の毒としか言いようがありません。私のサロンでは、決してお客様に不安を持ち帰っていただくようなことはしません。お客様に喜んでいただくことが、私自身にとって最もうれしいことなのですから。

さて、ここまで読んでいただいて、皆さんが何気なく思い描かれていたエステティック・サロンに対するイメージが少しは変わりましたか？　今まで、一部の限られた女性のもの、あるいは現実感に乏しい敷居の高い場所と思われていた方も多いと思います。しかし本来は、すべての女性が女性らしく生きるために、〝美〟をフル・サポートするための情報が凝縮された場所であり、女性がより人間らしく生きるためのかけがえのないパートナーであるはずなのです。キレイになるためには、何よりも自分に合ったサロンを見つけることが大切といえるでしょう。

例えば、あなたは肌をキレイにしたいのですか？　それともひたすらリラックスしたいのでしょうか？　中には豪華な雰囲気に身も心もどっぷり浸りたいという方もいらっしゃるかもしれません。目的によって利用するサロンが変わってくるのは当然のことです。どんな効果が欲しいのか、自分の目的をまずはっきりさせましょう。そして、その効果を得るためのトリートメントの内容、施術時間、料金、サロンコスメを一つ一つ確認しましょう。何が自分に合っているかを見極めるのは皆さん自身です。皆さんがより自然体でいられる場所を上手に探し出してください。

外側からだけではキレイになれない
～〝内面・外面・精神〟のバランスがとれた時はじめて、素肌美が生まれる

では、キレイになるというのはどういうことなのでしょう?

前述しましたが、それは〝肌の美しさ＝素肌美〟のことです。私は素肌美というのは、内面、外面そして精神の三つのバランスが上手にとれたときに、初めて体の中からにじみ出てくるものだと思います。女性は誰しも楽しいことがあったり、恋愛や仕事がうまくいったりしているときは、内臓やホルモンの働きが活発になります。すると肌も生き生きとして、それが表情に表れ、自然にキレイになっていくのです。

外側からいろいろなものを塗って、キレイにメイキャップしても、私はそれで本当にキ

レイになったとは思いません。例えば肌に合わない化粧品を使っていたり、バランスの悪い食生活をしていたり、また内臓が悪かったり、ストレスや睡眠不足で心が安定していなかったら、自然に肌からツヤが失われ、シミやシワ、くすみ等のトラブルが生まれてしまうからです。

最近はナチュラル・メイクが主流になってきています。しかし、それでも、トラブルを隠すために、肌にファンデーションをべったり塗っている女性は少なくありません。これではかえってトラブルを悪化させてしまいます。実際のところファンデーションに限らず、肌にたくさんの化粧品を塗る必要はまったくないのです。私は自分のサロンにいらっしゃるお客様には、「まだ若くて肌がキレイなんだから、いろいろ塗りたくるのはやめなさい」と言っています。

私自身もうすでに五〇代半ばですが、普段は日焼け止めを塗る程度で、ファンデーションはほとんど塗りません。私は〝ジョイメイク〟といって、眉《まゆ》アイラインを毎日描かなくてもいいような落ちないタイプの眉を施術しています。また、ビューラーを使わなくてもまつ毛が自然にカールするように〝まつ毛カール〟の施術も行っています。どちらもほとんどのエステで扱っている商品ですが、特に毎日を忙しく送っている女性に人気があります。

私の場合、念入りなメイキャップはほとんどせずに、口紅をつけるだけで毎日を過ごすことができます。肌への負担が軽いので、最近は「肌のつやがいいんじゃない？」と友人から言われることも少なくありません。何よりも時間の節約にもなるので、サロンの経営者として何かと雑事に追われている私にとってはいいことずくめです。こうした、ちょっとしたことが女性をキレイに近づけてくれると思います。

ところで、私のサロンには八六歳になられるお客様がいらっしゃいます。年配の方というのは往々にして肌がおキレイなのですが、この方も初めていらっしゃった時から、とてもキレイな肌をされていました。キレイになるとオシャレをしたくなって、またキレイになりたくなる。そのお客様も生涯現役というお気持ちで、いまだにスキンケアには気をつかわれています。最近、私の眉をご覧になってジョイメイクをされました。ご高齢なので眉を描くのに時間がかかり、毎日の手間が面倒くさいという理由から、落ちないメイクをしたいとのことだったのです。はじめは「怖くない？　痛くないかしら？」と、なかなか決断されませんでした。しかし、

「痛いですよ、でも怖くはないですよ。それにお子さんを産んでいらっしゃるんだから、この程度の痛みは大丈夫ですよ」

という私の言葉で決断されました。もともと肌がおキレイなうえに、ジョイメイクの施術を受けたことによって、表情が引き締まって見え、以前にも増してますますお若くおキレイになられました。

このお客様は、年齢より肌年齢がかなりお若いままの状態をいまだに保っていらっしゃいます。その理由は若いころ肌に有害なものをつけなかった、食生活も自然食が多かった、といったことが肌の老化を遅らせたのです。私はこのお客様のように内面、外面そして精神のバランスがとれたときに初めて生まれる〝素肌美〟こそ、本当の意味でキレイになることだと思っています。そして、一人でも多くの女性にこのような〝素肌美〟をご提供できれば、と思っているのです。

ちなみに、スキンケアというのは外側から肌をケアするお手入れです。その効果は一時的なものですが、正しいケアを定期的に続けることによって、一時的なものが永続的なものへと変わります。健康な状態を非常に維持しやすくなるのです。これはどなたにもいえることです。実際にエステティック・サロンでトリートメントを受けていただくと、そのことがよくお分かりいただけるかもしれません。まずトリートメントによって肌の新陳代謝がよくなり、自然治癒力も高まりますので、肌の奥から「ポッポッ」と温まってくる感じがしてきます。そしてこの「ポッポッ」の後、肌が息を吹き返したように元気になっていくのです。これを定期的に続ければ肌の状態が安定し、健康的な素肌美に近づくことになります。

ところでこの素肌美、具体的にどんな肌のことを指すのかイメージがわきますか？「なんとなく分かるけど、どういうものか明確には分からない」

という方も多いでしょう。私が考える素肌美は〝年をとっていない〟肌のことです。

「最近、肌になんとなく張りがなくなった」

そのように感じる方でも、お風呂上がりはすべすべの肌になっていることがあるでしょう？　つまりあれが健康的な素肌、皆さんの持っている本来の美しい肌なのです。一般的に女性にとって理想的な肌といわれるのが、〝ベビースキン＝赤ちゃん肌〟ですが、それこそが私の思う素肌美なのです。

ベビースキンと年をとった肌の違いは、肌に次の条件が満たされているかどうかにあります。まずしっとりしている。次にピチピチしている。そしてすべすべしている。さらにピカピカしている。桜色をしている。シミ・ソバカスがない。ニキビやニキビ跡、吹き出物がない。以上のようなベビースキンに戻ることができる可能性は、女性なら誰にでもあります。さあ皆さん、ベビースキンを目指してしっかり楽しくスキンケアを続けましょう。

もしも皆さんの中に、「スキンケアはきちんとしているのに、肌の状態が思わしくない」という方がいらっしゃるとしたら、それは肌に合わない化粧品を選んでいるか、スキンケアの方法が肌質に合っていないという可能性があります。もちろん、女性の肌はデリケートですから正しいスキンケアをしていても、なんらかのトラブルが出てしまうことはよくあることです。ただ精神的にも肉体的にも健康なのに、どうも肌の状態がよくない。そんな方はスキンケアの方法そのものを間違えている場合が多いのです。正しいスキンケアへの第一歩はまず自分の肌質を知ること。今一度きちんと確かめてみる必要があるかもしれません。

私のサロンでは、一人でも多くのお客様にベビースキンを取り戻していただくために、予防医学の勉強をしている看護婦さんの協力を得ています。スキンケアだけでなく、内面から美しさを引き出すための食事指導や、また肌以外の体や日常生活の悩みに関するアドバイス等もさせていただいているのです。ただ彼女は常駐スタッフではありません。仕事の合間に彼女自身のご厚意に甘えてお願いしている、いわばボランティアです。したがって、お客様からも一切相談料はいただいておりません。

column of beauty 1

「先生、教えて！自分の肌質を知るにはどうしたらいいの？」

肌質というのは常に一定だとは限りません。気候や年齢、環境によって、また精神状態によってもいろいろと変化します。「肌の状態が急によくなくなった」というときは、肌質そのものが変わってしまっているということも十分考えられます。その時々の肌質を正確に知るためにはこまめにチェックをしていくことが必要です。そして、トラブルに合わせて臨機応変なケアをするようにしたほうがいいでしょう。

肌質を知る方法は簡単です。まず洗顔石鹸で顔を洗って、そのまま何もつけずに一晩寝てみてください。翌朝の肌の様子で大体肌質の目安がつくものです。一般に肌質は、大きく次の五つに分けられるといわれています。

①普通肌（ノーマルスキン）

朝起きた時、肌がしっとりしている方は普通肌です。肌は本来、持って生まれた潤いによって水分と脂分の調和がとれるようになっています。皆さんも大抵子供のころには、何もしなくても肌がしっとりすべすべしていたはずです。普通肌はベビースキンの条件に合った理想的な肌なのです。

②脂性肌（オイリースキン）

朝起きた時、なんとなく肌がべたついている方は脂性肌です。普通肌に比べると皮脂の出方は二、三倍あるといわれています。この脂性肌の特徴はほかにも、次のようなことがあげられます。

●肌の表面に脂が浮き、肌のキメも粗い
●ニキビや吹き出物などが出来やすい
●どちらかというと肌に透明感がなく、化粧崩れもしやすい

③乾燥肌（ドライスキン）

朝起きた時、肌がつっぱって、かさついている方は乾燥肌と思ってよいでしょう。乾燥肌の場合、皮脂の分泌が少ないため水分の蒸発を防ぐ皮脂膜がうまくつくられません。しかも水分も不足しがちなので全体的にカサカサした肌になりがちです。

●肌につやがなく、カサカサしがちである
●シミや小ジワが出来やすい

●洗顔後のつっぱり感が長く続く等の特徴が現れるのも乾燥肌の傾向。

④敏感肌・超乾燥肌

朝起きた時に、極端につっぱっていたり、肌がかぶれたように赤くなったりしている場合は、この肌質だと思ってください。皮脂の出方が極端に少なく、肌の抵抗力が非常に弱い方に多い肌質です。特徴として以下のようなことがあげられます。

●顔全体にシミが出来やすい
●日光や化粧品、その他いろいろな刺激に反応を起こしやすい
●くすみ、赤み、シミなどが出来やすい

⑤混合肌（コンビネーションスキン）

これは現代の日本人女性に一番多く見られるタイプの肌質です。額や鼻筋などのいわゆるTゾーンは脂っぽくテカっているのに、頬や口の周りはカサカサするというのが一般的な傾向といわれています。本当は混合肌なのに脂性肌だと思い込み、洗顔のしすぎで目の周りなどが余計激しくカサカサしてしまうという場合が少なくありません。ちなみにこの混合肌は、ほんの少しの環境の違いで肌の状態が微妙に変わってしまいます。日々のコンディションに気を配ることが大切です。

素肌美＝ベビースキンに戻る秘訣
～決め手はカウンセリング

素肌美＝ベビースキンをつくるためには、実際、時間がかかります。自然治癒力に視点をおいて、肌の再生サイクルに合わせたトリートメントを継続的に行うことが必要になるからです。

少し専門的な話になりますが、ここでこの肌の再生について説明をしておきましょう。人間の体というのは常に細胞分裂を繰り返しています。もちろん肌も細胞から出来ていますから、一定の周期で生まれたり死んだりということを繰り返しているのです。通常、新しい皮膚が生まれ、古い皮膚がはがれ落ちていく一連の流れをターンオーバー＝新陳代謝といいます。これは健康な肌の場合、二八日周期で行われます。一四日で新しい皮膚がつくられ、一四日で古い皮膚がはがれ落ちるのです。しかし悲しいことに、この機能が正常に働くのは一般には一七歳までといわれています。一七歳を過ぎると、年齢を日数に換算した数字プラス一〇日、つまり例えば二五歳になると三五日かかってしまうということです。こうして肌の再生サイクルが正常に行われにくくなる状態を肌の老化というのです。

しかも肌の老化の原因は年齢だけとは限りません。脂や空気中の塵による汚れや、エアコンなどによって起こる肌の乾燥、あるいは電化製品や壁紙に使用されている接着剤の影響によるイオンバランスの崩れからくる、体内の活性酸素の増大、そして紫外線や化学物質などの外的な刺激によっても肌は確実に老化し、新陳代謝が鈍くなってしまうのです。

このような外的要因の中で、肌に最も悪影響を及ぼすのが紫外線です。私たちの顔の皮膚はいつも外にさらされています。顔にはソバカスが多いのに、胸などの肌は白く透明だという方は多いと思います。これは洋服によって皮膚がおおわれ、外からのストレス、特に紫外線からきちんと守られているためなのです。実は、このソバカスも肌の老化の一つです。ソバカスだけでなく、くすみやシミ、シワ、たるみ、肌荒れ等、女性の肌の悩みはほとんどが肌の老化現象によるものだなんて、皆さんは信じられますか？

若い女性の中には「老化なんてまだまだ先のこと」と思われている方もいらっしゃるかもしれません。しかし目には見えなくても、紫外線等による老化は二〇代半ばころから肌の奥底で始まっていると思っていただいたほうが正しいのです。ちなみにアメリカでは、皮膚科学を研究する討論会で目に見える皮膚の老化の八〇《パーセント》が日光障害のせいであると発表されたそうです。最近は南極大陸上空のオゾン層の破壊によって、地上に届く紫外線の強さが特に強くなっています。また、女性の肌は男性に比べると薄いうえにデリケートなため、紫外線の影響を非常に受けやすい。だからこそ本当に紫外線対策は重要なのです。その正しいケアの仕方については後で詳しく説明しましょう。

さらに、肌の再生機能を鈍らせる要因はこれだけではありません。生活習慣も影響してきます。無理なダイエットで栄養のバランスを崩したり、睡眠不足などが続いたりすると、ターンオーバーのリズムが狂ってしまいます。すると肌の透明感が失われ、実際にくすみが出やすくなるのです。トリートメントをすることによって肌は活性化されますが、これはこのターンオーバーのサイクルがなるべく正常になるように肌に働きかけるからです。しかし肌の状態が安定するまでには、どうしても時間がかかってしまうのは仕方のないこと。まさに〝素肌美は一日にしてならず〟なのです。

ところが、お客様が求めているのはほとんどの場合すぐに出る結果です。「一日でも早く今のトラブルを解消したい」というのがお客様の本音なのです。例えばオイリー肌なら少しでも皮脂が少なく、反対にドライ肌ならばより肌がしっとりする。お客様はトリートメントのそうした即効性をお求めになります。

そのため私のサロンでは、たった一回のトリートメントでもお客様に満足していただく、ということに徹しており、お客様一人ひとりの肌に合わせてトリートメントをするよう常に心がけています。当たり前のことと思われるかもしれませんが、これが実に難しいのです。

女性は自分の肌質について間違った思い込みをされている方が多くいらっしゃいます。例えば「化粧品の販売員にカウンセリングを受けた」、あるいは「雑誌の記事を見て自分で判断した」といったものです。私もそうですが、一度思い込むとなかなか考えは改めにくいものです。そして肌にトラブルが出ると「肌に合わない」と思い込み、使っている化粧品を次から次へと変えていく、というのが多くの女性の傾向ではないでしょうか？　皆さんもそんな経験はありませんか？

しかし、肌のトラブルの多くは使っている化粧品はもちろん、「自分の肌質を間違って認識していた」ことによるものが大半です。肌質に合ったトリートメントを行うためには、お客様のご意向を伺うだけでは不十分なのです。そこで、カウンセリングが必要になってきます。カウンセリングというと、化粧品の美容部員による対面販売のイメージが一般的なのかもしれません。しかし、エステティック・サロンは本来化粧品を販売することが目的の場所ではありません。ですからご自分の目的と、求める効果をエステティシャンに正確に伝えるためにも、カウンセリングがとても重要になってくるのです。

カウンセリングの目的は、お客様が何を求めてサロンにいらっしゃったのか、そして、今一番の悩みは何なのか。その原因を探り解消法を見つけ出すことです。このカウンセリングは、ただ漠然とお客様の話を伺って肌の表面を見ているだけでは適切に行うことができません。皮膚の構造や体の生理機能を知らなければ何がどう作用するのかも分からないのです。また、化粧品の成分を熟知していなければ目的に合ったケアも見つけ出せません。

幸い私は、初めてエステティシャンになった時に、化粧品の成分と肌の生理機能をじっくりと叩き込まれました。柔軟な頭で覚えたことは不思議に忘れません。時間が経っても体から抜けることはないのです。

初めてのお客様はほとんど私がカウンセリングを担当します。たまたま私がいない場合はスタッフがカウンセリングをしますが、二回目にいらした時に、私がもう一度カウンセリングを行うようにしています。もちろんこれは、スタッフを信用していないということではありません。ただ、大手サロンのようにマニュアルがあるわけではないので、やはり経験豊かな私が確認したほうが結果を出すのにより効果的な場合が多いということはいえるからなのです。

通常カウンセリングは三〇分ほどかけて行います。お客様に病院の問診表にあたるものを書いてもらい、その後でお客様と直接向かい合いながら肌質を見せていただきます。まず肌質を知る。次に肌のトラブルとなる原因を探る。そしてトラブルを取り除く方法を見つけ出す。これがなければ正しいスキンケアはできません。しかしお客様の中には、「私はそんな話は聞きたくない。ただトリートメントを受けにきただけ」とおっしゃってお帰りになった方もいらっしゃいますし、「私はキレイにならなくていいの、リラックスさえできればいいの」とおっしゃる方もいらっしゃいます。

そういうお客様には何も言いません。何回か通っていらっしゃるうちに自然とお客様のほうからスキンケアに関する相談をされることがほとんどなのです。私たちはそのタイミングまでアドバイスはしないことにしています。もちろん中には何を言っても「いいえ、そんな事はない」と、私の話を受け入れてくださらないお客様もいらっしゃいます。私のサロンでは、お客様の肌のためになることだけをお話しています。せっかくリラックスを求めていらっしゃるわけですから、あまりかたくなにはならず、心のバリアも解いていただければ、さらに高いトリートメント効果が得られると思うのです。

元来エステティック・サロンというのは、お客様にキレイになっていただくために、プロが正確なアドバイスを提供させていただく場所でもあります。しかしお客様一人ひとりに合ったアドバイスをしないで、お客様に言われるがまま、あるいはマニュアル通りにトリートメントを行っているサロンも少なくありません。その結果、エステティック・サロンに行って本当にキレイになった女性もいらっしゃる一方で、かえってトラブルを抱えてしまった方もいらっしゃいます。

実際、私のサロンのお客様にもニキビとアトピーを間違えてケアをされたという方や、現在流行のソフトピールによって肌を傷めたという方がいらっしゃいました。ソフトピールというのは、汚れた角質を取り除くのに効果的とされるケアの一つで、これを行うと、〝ひとかわむけた〟と表現されることも多く、最近特に人気があります。数年前、鼻の角質を取り除くという市販のパックが爆発的に売れたことによって、その効果が今も注目を集めているのです。

ただ、そうはいっても、実際には角質を無理にはがすこととほぼ同じですから、肌の弱い方には向きません。また、比較的に肌が丈夫な方でも続けて行うのは肌に悪影響を及ぼすばかりです。「なんとなく肌がくすむ」といっただけで、すぐにソフトピールをすすめるサロンは要注意です。くすみというのは肌の表面が汚れているのではなく、水分不足で新陳代謝が鈍っているために起こるものです。大切なのは本来水分補給なのです。

別のエステイック・サロンで、アトピーをニキビだと言われ、それをかたくなに信じていたお客様がいらっしゃいました。

「これはニキビではないですよ、アトピーです」

そう言ってお客様が納得されたうえで、アトピー用のトリートメントを続けてみると改善されたということが実際に何回かありました。極端に言えばニキビとアトピーは原因が逆です。ニキビは皮脂の過剰分泌、アトピーは肌の乾燥からくるものです。当然、ケアもまるで逆になります。カウンセリングで最初に肌質を見極めることが、どれほど重要であるかが、お分かりいただけるかと思います。

サロンにとってのカウンセリングは医者でいえば問診に、警察でいえば初動捜査にあたります。より良い結果を出すためには、慎重に慎重を期して行わなければならないことです。私のサロンでは、お客様からトラブルの苦情が出たことは一度もありません。

column of beauty 2

「先生、教えて！どうしたらベビースキンに戻ることができるの？」

ベビースキンに戻る秘訣は五つあります。以下の五点に注意をすれば、早ければ三カ月、肌のトラブルが深刻な人でも一年もすれば、少なくとも今抱えているトラブルはかなり改善されるはずです。

①食事の注意

細胞の働きを活発にするようなビタミンやミネラル、繊維質の多い野菜やフルーツなどの食品を多くとるように心がけましょう。例えばレタス等を具にして、お吸物を作ると上手に繊維質を摂取することができます。また脂肪や水分をとりすぎないようにすることも大切です。

②生活習慣の注意

たっぷり睡眠をとり、適度な運動を心がけましょう。前述の皮膚の再生機能＝ターンオーバーは、夜一二時～深夜二時の間に行われます。夜ふかしをすると、自ずとこの肌の機能を鈍らせてしまうことになりかねません。どうしても起きていなければいけない場合、せめてお化粧はすっきり落として、肌が生き返るために、より負担が少ない状態を保つようにしたいものです。

③気持ちの持ち方の注意

いつもニコニコしてストレスをためないことが大切です。今の時代、ストレスがあるのは当たり前ですから、それを上手に発散させる方法をご自分で見つけていくように心がけましょう。

④肌を守るうえでの注意

なるべく紫外線にあたらないような注意を。よく言われることですが、洗濯物を干すわずかな時間でも、紫外線は肌に吸収されてしまいます。紫外線の肌に対する影響を少しでもやわらげるために、日焼け止めを塗ることを毎日の習慣にするとよいでしょう。

⑤スキンケアの注意

植物にいくら肥料を与えても水分がなければ枯れてしまいます。人間の肌も同じです。肌にとって水分はなくてはならないものなのです。そもそもベビースキンと、年齢が進んだ人の肌との違いは角質に含まれている水分量です。みずみずしさこそ、ベビースキンの条件なのです。肌の潤いを保つため、化粧水は保湿効果の高いものを選びましょう。また、最近は洗顔剤などにも保湿成分が含まれているものが数多くあります。特にヒアルロン酸という成分の入った化粧品は保湿効果が高いとされています。これらの化粧品を上手に組み合わせて、肌を乾燥させないようにする。ベビースキンに戻る大切なポイントです。

⑥体内外のイオンバランスを整える

ＯＡ機器、家庭電化製品、携帯電話、ＰＨＳ、壁紙の接着剤、大気汚染、紫外線等で空気中に大量の電磁波が発生し、プラスイオンを増大させます。このプラスイオンこそ活性酸素を生む要因なのです。体の中と外からとでマイナスイオンを増やし、イオンバランスを整えることです。

マイナスイオンを増やすには、マイナスイオン生成機の使用、森林浴、滝の側（大きければ大きいほど効果的）にいく、六大栄養素をバランスよくとる（栄養補助食品などで補給）といったことがあげられます。

カウンセリングはサロンの姿勢を映す鏡

エステティック・サロンに行って、かえってトラブルを抱えたという方はカウンセリングの状況をよく思い出してください。私のサロンでは、あらかじめ二〇項目ほどの質問に、アンケート方式で記入していただきます。自覚している肌の状態や、日常的なホームケア方法と使用している化粧品、そして食事や水分などの摂取状態、さらに排便等からみる健康状態等をチェックしていきます。私は肌の状態を知るためには、こうした日常生活のバックグラウンドのチェックも必要だと思っています。場合によっては、この時にお客様の使っている化粧品が肌に合っているか、肌に悪い成分を使っていないかどうかを調べさせていただくこともあります。そして、このアンケートの結果とお客様の肌の状態を照らし合わせて（肌に）合ったトリートメントを実施します。さらに、化粧品の選び方や使い方あるいは食生活等の改善事項のアドバイスをさせていただくのです。

ほかのサロンに行かれて嫌な思いをされた方、カウンセリングの内容がこのようなものではなかったことを思い出されましたか？　カウンセリングはそのサロンの方針が実によく分かります。私のサロンは肌別トリートメントをして結果を出すのが最大の目的ですから、カウンセリングも肌質を知ることと、それに合ったケアを探ることに絞っています。料金は無料です。

お客様の話を伺うと、「初診料という名目で有料（例えば三〇〇〇円）カウンセリングだった」とか、「トリートメントメニューを次から次に説明され、オプション・メニューを追加されたためにレギュラーコースの約二倍の料金になった」、あるいは「カウンセリングの後で化粧品をフル・セットで買わされた」というようなことも多いようです。さらに業界事情に詳しい知人の話では、トリートメントのほかに美容と健康のトータル・アドバイスを受けると、一時間で五万円もかかるサロンがあるとか。これは、一般的に相談料が高価とされる弁護士への相談料よりもはるかに高いのです。

いずれにしても最初に電話でお問い合わせをするときに、カウンセリングが有料なのか無料なのか、化粧品を買わなくてはいけないのか、肌の状態を細やかにみてくれるのか、さらに、どれくらいカウンセリングをしてくれるのか、最低限の確認はすべきです。そして、その内容と対応の仕方で自分に合ったサロンかどうかをまず判断したほうがよいでしょう。その目安としては、電話の応対が不親切で、あやふやな回答しかしてくれないところは、トリートメントの内容もあまり期待はできない場合が多いと思っていいかもしれません。

全女性が美を楽しめる場所
〜美顔ケア一回一時間一五〇〇円のサロン誕生

エステティック・サロンに対する既成のイメージを、もう一度思い浮かべてみてください。肌触りのいいバスローブにくるまれ、身も心も女王様気分に浸れるエレガントでゴージャスな非日常空間。プロのエステティシャンのテクニックを駆使して理想のプロポーションを手に入れることができるビューティラボ。最近では欧米で発達した芳香療法（アロマテラピー）や、フランスから生まれた海洋療法（タラソテラピー）、古代インドの伝承医学アーユル・ヴェーダ等、さまざまな美容法を応用したメディカル・サロンをイメージされる方も多いかもしれません。その多くがあまりにも現実離れしているように感じるのは私だけでしょうか？

女性はいつまでも女性のままです。いくつになってもキレイなままでいたい、汚いおばあちゃんにはなりたくないと思うものです。エステティック・サロンというのは、今まではどうしても一部のお金のある人がいく場所だというイメージがありました。しかし、女性なら誰にでも肌の悩みはあるものです。

「エステティック・サロンに行きたいけれど高いから行くことができない。自分のお小遣いの範囲でないとサロンなんて、とてもとても」

これではお金のある人はキレイになることができても、余裕のない人は取り残されてしまいます。そもそも女性がエステティック・サロンに求めるものとは一体何でしょう？ それはなんといっても、肌のトラブルが改善されること、しかも心の安らぎを得ることができる、さらに誰もが気軽に通い続けることができる、といったことではないでしょうか？ 肌のトラブルが解消すれば、自然にキレイになってお客様は満足されます。また、お客様の喜ぶ顔を見れば、エステティシャンも満足なのです。エステティシャンが正しいケアをすることによって、若い方からお年寄りまで無理のない金額でキレイになることができる場所、それが私の理想とするエステティック・サロンなのです。

では、日本の平均的な生活をしている女性が一回のエステにかけられる金額はどれくらいでしょうか？ 前述の内外のエステティック事情に詳しい知人によれば、現在、大手サロンはベーシック・スキンケアで平均八〇〇〇円～一万二〇〇〇円くらいかかるそうです。

安いところだと三〇〇〇円という料金を打ち出しているところも増えています。時間は約一時間です。また、ボディ・ケアだと九〇分で約二万円が相場です。ただし、サロンによってはエステティシャンの指名料がかかることもあるので、料金体系は正しく理解できるまで確認をすべきです。

参考までにエステティックの本場フランスだと、一回二時間くらいかけて大体一回一万二〇〇〇円から五〇〇〇円が相場です。ただし、フランスの場合は時間も長く、それこそ頭のてっぺんから足の爪先までのフル・トリートメントが当たり前です。逆に時間も短くて安いといわれるのは徹底した合理主義の国ドイツです。ドイツでは一回一五分のトリートメントが主流で、料金は大体三五〇〇円程度です。ただし、フランスのようにフル・メニューではなく、例えばフットケア、フェイシャル・マッサージ、ネイル・ケアというように体の部分別ケアが大半です。

さて、話を元に戻しましょう。通常〝美顔〟のケアを施すと、自然に肌を回復しようとする力（ホメオスタシス）が働きますが、それがもつのが大体二、三日です。二、三日すると肌が休眠しますので、理想は週二回〝美顔〟を受けていただくことです。ただ、実際にはそんなには通えないという方がほとんどでしょう。覚えておいていただきたいのは、ひと月に一回の美顔ケアより、一週間に一度、二度ケアしたほうが生理学的にみてキレイになるということです。肌は自然に新陳代謝を行います。理想を言えば、二八日周期で肌が生まれ変わると、常にみずみずしさを保つことができるのです。しかし前述のとおり肌が老化すると、この機能は衰えてきます。そこで〝美顔〟をすることによって肌を活性化させる。その頻度が増せば、より早く健康な状態の肌に近づきやすくなるということです。ですから、なるべく短い周期で数多くの〝美顔〟を行ったほうが肌のためにはよいのです。

私のサロンでは、一回一五〇〇円という料金を設定しています。この場合、月二回で三〇〇〇円、毎週来て六〇〇〇円、週二回来ていただいても月一万二〇〇〇円です。実際には週一回のペースでいらっしゃるお客様がほとんどです。大手サロンだとフェイシャルの場合平均一回一万円だそうです。大阪でもほかにもっと安いところはあります。一〇〇〇円くらいのクイック・エステですが、これはクレンジングからマッサージまで全部自分でやらなければなりません。また時間的にも三〇分で終わってしまうものがほとんどです。自然の治癒力を引き出し、肌を回復させようと思えば最低一時間は必要です。これは私の持論ですが、安いだけでは駄目です。お客様の肌のためにも、また私のサロンのように小規模なエステを存続させるためにも、お客様がいかに通い続けてくださるかがポイントになるのです。お客様からお金をいただきますサロンの立場で言えば、時間をきちんとかけて、きちんとした結果を出さなければならないのです。キレイになっていただかなければエステティック・サロンとは言えませんから。

一五〇〇円というのは、クイックマッサージで言えば一五分の値段です。私のサロンでは、トリートメントは最低一時間はかけます。目的が異なるとはいえ、どちらの満足感が高いかは明らかでしょう。さらに、月八回通っていただくとしても一万二〇〇〇円。これは美容院でパーマとカラーリングをして支払う料金とほぼ同額なのです。

ところで、現在のエステ業界全体では、サロンを訪れるお客様に施術をする本業で五千億円。ホームエステ商品の販売を入れると一兆円規模の市場になるといわれています。ちなみにこの売り上げは全世界の約三割を占め、市場規模では本家フランスをぬいて日本は世界一だそうです。しかし逆の言い方をすると世界一に値する満足をお客様に感じていただけているのでしょうか？　そう考えた結果、一つの結論に導かれたのです。

「エステティック・サロンとは全女性が美を楽しむために集まる場所であるべきだ」。

column of beauty 3

「先生、教えて！素肌美をつくるホームケアのポイントって何？」

「美顔は洗顔に始まって、洗顔に終わる」

一般に美容業界で常識とされている言葉です。つまりベビースキンに戻るには、まず洗顔をマスターすることが必要になるのです。せっかく、エステティック・サロンに行ってもホームケアの方法が間違っていたのでは台無し。そのことをふまえながら、ホームケアのポイントを三点ご紹介します。ちなみにスキンケアというのは通常、洗顔と保湿だけで十分です。美容液やクリーム等、あまり栄養過多になるようなケアは避けましょう。

①夜は必ずダブル洗顔を！

クレンジングは通常、メイクを落とすことが目的と考えられています。ところが、私たちの肌には、このほかに大気中の汚れなどもたくさん付着しています。これらの汚れは皮脂と混ざり合って脂汚れになってしまうものです。ファンデーション等のメイキャップ用品はもちろん、このような毛穴の中に入った脂汚れをしっかり浮き上がらせるには、適量の油分を含んだクレンジング剤を使うことが必要です。脂は、油でなければなかなか落とすことができません。ただしクレンジング剤は、拭きとるタイプのものだと肌に負担がかかります。油分も適量で、洗い流せるタイプのクレンジングを選んだほうが肌のためにはよいでしょう。

そしてクレンジング後には、クレンジング剤とメイクの落ち残りの油分、さらに日常の汚れを落とすことも必要になります。洗顔剤を使って、これらをキレイに洗い流しましょう。さらに洗った後は、洗い残しがないようにしっかりすすぐことも忘れずに！

②朝も洗顔剤を使うこと

夜眠っている間も私たちの肌からは皮脂が出ています。皮脂とホコリが混ざり合って出来た汚れは水だけでは落ちません。洗顔剤を使って、しっかり落とすことが大切です。

③化粧品は肌によいものを選ぶこと

テレビや雑誌で新商品のコマーシャルを見ると、ついつい買ってしまうという方、実はとても多いのではないでしょうか？　でも慌てないでください。化粧品を買う時には、なるべくサンプルをもらうように心がけたいもの。少なくとも、その化粧品が自分の肌質に合っているのか、またどんな成分が入っているのか、さらに本当にそれは必要なものなのか、じっくり吟味する。その後で化粧品を買っても決して遅くはないのです。

お客様の言葉～「安くても、良いものは良い」

お客様からのお問い合わせで最も多いのが、
「なんでそんなに安いの？　かえって心配だわ」
「そんなに安ければ粗悪な化粧を品使っているんでしょう」
「安い安いって言って、いざサロンに行ったら高い化粧品買わせるんでしょう」といったことです。

すべて答は「NO」です。しかし、人間の心情としてあまり安いと何かあるのではないかと疑りたくなる気持ちも分かります。

私のサロンには、親子二代で通ってくださっているお客様がいらっしゃいます。はじめにお母様のほうが「風邪薬を飲んだら額に大きなシミが出た」とのことで、お知り合いのご紹介でいらっしゃいました。そして半年くらい通われたころでしょうか、シミがすっかりなくなりました。以来もう三年半になりますが、今でも通い続けてくださっています。

私のサロンでは、化粧品をお客様に無理にお買い上げいただくようなことは一切しておりません。しかし、そのお客様は化粧品が肌に合うということと、それまで使っていた化粧品と比べても金額的な負担が少ないということで全商品、私どものサロンの化粧品に切り替えてくださいました。そのうち、お嬢さんもいらっしゃるようになったのです。

「母のシミがキレイになったのをこの目で見たので、ここなら私もキレイになれるかなと思った」

初めていらっしゃった時にそうおっしゃってくださったのです。うれしいお言葉でした。私のサロンはおかげさまで口コミによっていらっしゃる方が本当に多いのです。口コミの場合、商品の品質が高いかどうかということが、まず重要なポイントになります。ただ安いからという理由だけでは、お客様はなかなかほかの方にすすめてはくれません。そのお嬢さんがいらっしゃったのは、まぎれもなく「キレイになれそうだから」という理由でした。「良質のサービスにこだわった甲斐があった」。正直、少し得意な気分になったものでした。

ところが実は、そのお嬢さんは途中で大手のサロンに浮気をされたことがありました。無料体験キャンペーンのチラシをご覧になったとおっしゃっていました。しかし、そのサロンでトリートメントを受けても、気持ちがいいのはその時だけ。さらに、まつ毛カールでまつ毛を切られてしまったのです。そして結局、私のサロンに戻ってきてくださいました。

今ではお母様とお嬢さん、お二人で週一回くらいの頻度で通ってきてくださっています。そのお嬢さんがおっしゃったのは、「高いから大手だから良いとか、安いから個人だから良くないなんて、うそです。安くても良いものは良い。それが私の結論です。ここで知り合ったお友達は、はじめはあまりにも安いのでおかしいな、眉つばだな、と思ったそうです。それでも安さにひかれて一度来たらなんでもなかった。良かった。そう言って、今ではいろいろなお友達にここを紹介していますよ」とのことでした。

ちなみにお母様のシミについてですが、それこそ遠目には目が三つあるように見えるほどくっきりとしたものだったのです。しかしかなり早い段階でこちらにいらっしゃいましたし、「(シミが出たのは)風邪薬を飲んだせいかも」とおっしゃっていました。いずれにしても、それほど頑固なシミではないと判断することができたのです。だから特別なケアではなく、一般のシミぬきコースでもキレイにシミをなくすことができました。原因を考えていくと内臓の働きが弱まっているところに、化学物質である風邪薬を服用されて運悪く化粧品と化学反応を起こし、それがシミになって顔に現れたのだと考えられました。幸い大事に至らず本当によかったと思います。

ただ、これを放ったままにしておくと、ひどいときには黒皮症という皮膚の病気になってしまうこともあります。黒皮症とは昭和四〇年代後半から一時社会問題にまでなった病気です。化粧品などが原因で生じる、シミ状の皮膚障害のことを言います。少し難しい内容ですが、もともとなんらかの要因がある人に原因となる物質（化粧品の場合粗悪な鉱物油が原因になっていることがあるともいわれています）が皮膚に作用して起こり、それが日光にあたることによりさらに悪化してしまうという怖い病気です。

化粧品の品質向上により、最近ではあまり見られなくなりましたが、薬を飲んでいる方はこのお客様のように思わぬところにいろいろな作用が現れることがあるので、注意が必要です。私のサロンでは、お客様のご希望があれば、薬の成分を調べます。

こだわり～肌によいことしかしない

お客様から聞いた話ですが、ある女性が火事に遭われたそうです。その方は普段からかなりお化粧をされており、火事のときもファンデーションを厚く塗っていたとのこと。体はほとんど無傷だったのに顔だけひどく火傷をされたということでした。皆さんはこの話を作り話だとお思いになりますか？

後で詳しくご説明しますが、化粧品には大きく分けて、天然油脂を使ったものと、鉱物油脂を使ったものがあります。私のサロンでは、鉱物油脂を使ったものは一切使用しておりません。鉱物油脂という言い方はなじみがないので、分かりにくいかと思いますが、実際には石油やミシン油等を原料にした化学油のことです。黒皮症のお話でも少し触れましたが、鉱物油脂は天然油脂に比べると安価なため、メーカーの中には鉱物油脂を使用して化粧品を作るところが少なくありません。鉱物油脂を使った化粧品として一番ポピュラーなのがファンデーションなのです。このファンデーションに鉱物油を入れると、油ですから表面コーティングにより肌がつるつるになったような感じが得られます。しかし実際には、ラップを肌に張ったのと同じで皮膚呼吸を妨げてしまうことが多いのです。そのことがクローズアップされることは、まだまだ少ないようです。

いずれにしろ、鉱物油脂は天然油脂と比較すると燃焼性が高いのも事実です。ですから冒頭の「顔だけやけどした」といったことが、現実にあったとしても不思議ではないのです。

「化粧品が危ない」

一時かなり、その毒性が騒がれたものもありました。残念なことですが、化粧品の中には粗悪品が出回っているのも事実です。私は、エステティック・サロンとはお客様の不安を取り除く場所だとも思っています。お客様が安心していらっしゃることができるようでなければ、エステティック・サロンとはいえません。心の安らぎを得るために行ったサロンで一体いくら支払うのかでさえ、トリートメントが終わらなければ分からないのでは不安でリラックスすることもできなくなってしまいます。高い技術と信頼性がサロンにとって最大の商品なのです。

そのためには正しい情報をお客様にご提供したいと思っています。私のサロンではメニュー、料金、支払システム、使用している化粧品の成分やその特性、そして化粧品の購買義務の有無等を最初の電話で明確にお答えします。また、いらっしゃったお客様にも本当のことや正確なことしか言いません。例えば顔中に発疹が出ているお客様が前述のソフトピールをしたいと来店された時のことです。このお客様は、月一回の割合でソフトピールをなさっていますが、当日はかなりひどい湿疹でした。もともと私の化粧品の指導にまったく耳を貸さない方で、アレルギーがひどいにもかかわらず絶対使用してはいけない化粧品を使用していらっしゃいました。しかし、「私はお客よ、お客の私がしてくれと言ってるんだからやってよ」とそのお客様は泣きながらおっしゃいます。当然のことですが、「肌の状態に合ったトリートメントでないことはやりませんし、できません」とお答えしました。肌のためを思えば、無理なものは無理ですし、できないものはできないのです。

また、最近は高校生がまつ毛カールのために来店されることも多いのですが、未成年がエステに来るには親の承認が必要です。

「お母さんは（エステに来ていることを）知っていますか」と必ず確認しますが、中には年をごまかそうとする少女もいます。私のサロンでは親の承認が確認できなければお帰りいただいています。さらに、今は高校生でも当然のようにお化粧をします。「この化粧品が欲しい」と言われても、私は「必要はないですよ」とお断りすることにしています。高校生の場合、肌はまだ成長期にありますから、化粧品はほとんど必要ありません。まして、前述の石油系オイルの入った化粧品を塗るくらいでしたら、肌が大人になるまではノーメイクでいたほうがよほどマシなのです。

最近では対面販売ではなくドラッグストアのセルフ販売の化粧品が多くなってきています。すべてがそうだとは言いませんが、こうした化粧品にはいまだに、〝安かろう、悪かろう〟というものも少なくありません。

一般の消費者の方にそれを見極めるように、といっても無理な話です。しかし化粧品は使い方、選び方次第で多くの危険性をはらんだものであるという情報は、たとえ女子高校生でも知っておいていただきたいと思います。私のサロンではスキンケア情報だけではなく、そのような化粧品に関する情報は、必ずお客様にご説明しています。

ところでこんなこともありました。ご本人はジョイメイク（眉）をしたいと希望されていましたが、ご主人が反対というお客様がいらっしゃったのです。いくらジョイメイクをしてキレイになられてもご主人が反対であれば、後々問題が起きないとも限りません。

「ご主人が賛成されるまではやめたほうがいいですよ」

と私は申し上げました。

そして後日、「主人が承諾したの」と、そのお客様がサロンにいらっしゃいました。なんでもご主人が私の対応を聞いて、

「普通エステと言えば、お客がやりたいと言えば待ってましたとばかりにやるはずなのに、そのサロンはしなかったのか。信用できるんじゃないか」

そうおっしゃって承諾してくださったそうです。キレイになりたいからといって周囲の反対を押しきるのはトラブルの元です。ケアを続けていただくためにも、ご家族の関係は壊さないようにしないと、その後サロンに来ていただくことすら危ぶまれてしまいます。

ちなみに、このジョイメイクには唇に色をつけるものもあります。しかし私のサロンでは一切行いません。理由はお医者様が体調をみるときに唇の色で判断するからです。唇に色がついていることで正しい診察ができなかったという場合もありえますからね。そういう意味では、眉毛やアイラインはさほど影響はないようです。

「あなたがしなくても、ほかのサロンがやるんだから、やってほしいって言うのならやってあげればいいいじゃない」

と友人にはよく言われるのですが。しかし大きな病気をしたときに、そのお客様が後悔することは目に見えています。そうした考えは、おそらく私が乳がんで入院をしたという経験があるからでしょう。私のサロンにみえてお客様が後悔されるのは申し訳ないし、私自身にとってもそうしたことは絶対に嫌なのです。

安心して通っていただくためには正確な情報をお伝えすることが一番です。最近はスキンケアの情報も氾濫しているため、中には誤った情報に躍らされている女性も少なくありません。スキンケアに対する正しい情報を得るためにも、スペシャリストのいるサロンを上手に活用してください。

column of beauty 4

「先生、教えて！ 肌によい化粧品って、どう見分ければいいの？」

肌によい化粧品とは、一言でいえば皮膚の生理機能に合ったもののことです。私はそのような化粧品を探しあて、まず自分で使ってみます。そして、本当に肌によかったものだけを私のサロンで使うようにしています。ただ、キレイになるため化粧品選びの情報はとても重要です。より正確に皆さんに理解していただくために、化粧品の専門家である知人に、私よりも説明しなれた分かりやすい言葉で話してもらっています。

その内容は以下のようになります。

「肌によい化粧品選びのポイントは次の五点です。少し専門的な言葉も出てきますが、基本さえ理解すれば皆さんのお役に立つことばかりです。しっかり、覚えておいてください」

①鉱物油脂（ミネラルオイル）を使用していないもの

肌には本来、体内の不要物や汗を毛穴から外に出す、という働きがあります。鉱物油はスーッとのびて肌に吸いつくという、つきのよさを誇る一方で密着度が高い分、通気性が悪いのです。したがって鉱物油脂が含まれた化粧品を長時間使うと皮膚呼吸を防げ、皮膚本来の機能が低下し、皮膚トラブルや老化現象の原因にもなりかねません。具体的なトラブルとしては、

- **毛穴がつまり、ニキビなどが出やすくなる**
- **はがれ落ちるべき角質が長く残ってしまい、肌がだんだんくすんできてしまう**
- **皮膚が持っている皮脂を出す働きが弱まり、乾燥肌を招きやすい**

といったことが起きやすくなります。この鉱物油は市販されている化粧品の中でも、特にナイトクリームや美容液、さらにツーウェイケーキやクリームファンデーションなどに含まれていることが多いとされています。

ほかのものはケースバイケースですが、ファンデーションはほとんどの女性が使用するものです。慎重に選ぶことをおすすめします。さて、実際にファンデーションを選ぶ場合にはパウダー状のものか、リキッドファンデーションを選んだほうが無難です。リキッドファンデーションというのは、クリーム状のものに比べて油の量が少な

めですから、肌への負担は軽い。ただし、リキッド・ファンデーションにも鉱物油が多く含まれたものもあります。次の方法で水溶性かどうかを調べてから買うというのも、一つの手です。

※鉱物油を使用していて紫外線を浴びると、肌の防衛機能が働きメラニン色素を大量に発生させるためシミになりやすい。

リキッドファンデーションが水溶性かどうかを調べる方法はとても簡単です。化粧品メーカーの店頭でまずサンプルを入手してください。次に家に持ち帰り、不要のコップに水を入れて、その中にリキッドファンデーションを入れます。ごく普通の水道水で構いません。そして、スプーンや箸などでかき混ぜてみてください。水溶性のものはキレイに水に溶けますが、油分の多いもの、特に鉱物油を使っているものはコップのふちに残るなどして水とはキレイに混ざり合いません。

ちなみに、天然の油として最もポピュラーなのはスクワランという油です。このスクワランは人間の皮脂と同じ成分なので、肌との相性はとてもよいのです。一般的には、「深海ザメエキス（アイザメの肝臓から抽出）」と呼ばれるスクワランが化粧品には多く使用されています。純度の高いものは皮膚への吸収性にも優れ、紫外線をカットし、あるいはアトピー肌の改善にも役立つといわれるほどです。化粧品を選ぶ時の目安として、このスクワランを覚えておくと便利です。例えばリキッドファンデーションでスクワランが含まれているものは、ほぼ水に溶けてなくなります。

＊スクワランはスクワレンを精製して出来るものです。本来は純度九九パーセントなのですが、スクワランに他の脂を混ぜてスクワランと称し販売しているものもあるので注意してください。

②アルコールを使用していないもの

　脂性肌の人なら大抵一度は使ったことがあるかもしれません。化粧品メーカー等で、よくすすめられるのがアルコールの入ったアストリンゼンやニキビ用ローションです。アルコール入り化粧水は確かに〝スーッとするので気持ちがいい〟という使用感があります。それはアルコールには殺菌作用や肌の引き締め作用があるからです。ところがその半面、蒸発するときに皮膚の水分まで一緒に奪ってしまうという性質もあります。そのうちに肌の潤いが奪われ、使い続けると小ジワにもつながってしまうというリスクも抱えているのです。本来ニキビには辛抱強くがまんすれば、ひとりでに治るものもあります。あまり慌ててアルコール入り化粧品を使うのは考えものです。

③合成色素・合成香料を使用していないもの

香料・色素は、天然のものと合成のものに分かれます。一般に問題が発生しやすいと言われているのが合成化学物質です。中でも香料に含まれているベルガモット油という保香剤は注意が必要だとされています。

これらの合成の香料・色素は太陽光線や照明などの光を受けると化学反応を起こしやすくなるものもあります。化学反応を起こしたものは、時には皮膚に色素沈着やシミなどを残すことなどにもなりかねません。もちろん最近は品質もかなりよくなり、安全性が高いものも多くなってきました。必要以上に神経質になることはありませんが、「予測しきれない、いろいろなことが起こる可能性を含んだものが化粧品である」という認識だけは忘れないでください。

ちなみに合成色素に代表されるのはタール色素などの着色剤です。これらは化粧品のパッケージなどに黄色○号、褐色○号、あるいは黒色○号、青色○号、赤色○号、といったように表記されています。慎重を期すなら、メイキャップ用品はなるべく天然色素配合のものを選ぶか、色素品番表示の数が少ないものを選んだほうがよいでしょう。

④健康な肌と同じｐＨのもの

理想的な肌は弱酸性です。ところが、洗顔剤などには汚れを落としやすいという理由からアルカリ性の化粧品も少なくはありません。アルカリ性の化粧品を使い続けると、肌は皮脂膜を作り出そうと働き皮脂の過剰分泌を起こしがちです。すると、毛穴が拡張し、本来普通肌だったものが脂性肌になるということもあるのです。アルカリ性の石鹼などを使った場合、化粧水は弱酸性のものを使用したほうがよいでしょう。

⑤添加物の少ないもの

最近は「無添加化粧品」という言葉もよく聞くようになりました。もともと無添加化粧品というのは、石油系界面活性剤をはじめ、防腐剤、香料、鉱物油、色素などの添加物を含まない化粧品のことをいいます。ただし、化粧品成分には表示義務がないものも多くあります。ただ、無添加というだけで肌に優しいわけではありません。また無添加といいながら、実際には無添加でない化粧品もあります。本当にその化粧品が無添加であるかどうかを見分けるには、次のような目安を覚えておくとよいでしょう。

●防腐剤が入っていないので腐敗しやすい
●鮮度保持期限が明記してある
●指先などで容器の入り口をさわらないように取り扱い上の注意が細かく表記してある
●使用後は冷蔵庫に保管することが明記されている

ちなみに無添加化粧品というのは防腐剤が入っていないため、腐敗しやすいものです。その化粧品が腐敗していることに気づかずに使用してしまった場合には、肌のトラブルを招くことにもなりかねません。以上のことを考えると、よほどひどいアレルギー肌でない限り、無添加にこだわる必要はありません。化粧品は開封してから、その使用期間が一年くらいに及ぶものが一般的です。安全な防腐剤であれば防腐剤が入っていたほうがより安心して使えるということもあるのです。ただし、表示指定成分が多いよりは少ないものを選ぶにこしたことはありません。表示指定成分というのは、もともとアレルギーを引き起こす可能性のある成分のことです。
※二〇〇一年十月より全成分表示義務づけられました。

以上五点が、肌によい化粧品選びのポイントです。そしてさらに加えるなら、広告や宣伝のうたい文句に躍らされないようにするということがとても大切です。そのため常に正確な情報を入手し、正確に理解することを心がけたいものです。その一つの方法として信用のできるアドバイザーを探すことはとても重要なことだと思います。

思い込みは心のさび
〜心のさびを捨てて生まれた大阪発カジュアル・ビューティ

最近、活性酸素という言葉をよく耳にされると思います。活性酸素とは普段の生活の中で日常的に体内に発生するものです。細胞内や血液中の脂質を酸化させる働きを持っているので、がんや動脈硬化などの病気の原因になる悪玉ともされています。

前述の通り、実はこの活性酸素が肌の老化を進めているのです。活性酸素が増えれば増えるほど肌はくすみ、みずみずしさや張りを失います。シワやシミ、たるみなどの原因も活性酸素の発生にあります。活性酸素を発生させる原因として、紫外線やたばこの吸いすぎ等があげられます。活性酸素が増えるということは体がさびること。実感として分かりづらいかもしれませんが、お年を召されていて顔や手の甲などに大きなシミが現れている方をお見かけしたことはありませんか？　これは正確には老人斑といいます。体の表面がさびたことの表れなのです。リンゴを切ると表面が茶色くなるでしょう？　あれも活性酸素が原因です。つまり、少し前までは酸素というと体にとって良いものという認識がありました。しかし実は体の機能を低下させるさびを生む原因にもなるということです。

〝キレイ〟の根本は、この活性酸素によって発生した体のさびを取り除くところから始めることです。そして同時に心のさびにも注意する必要があると、私は思います。

「高いからこの化粧品は安全なはず」

「化粧品販売の美容部員をしている友人から聞いた話だから信用できる」

「大手のエステティシャンがすすめてくれたスキンケアだから安心」

何の根拠もないのにこう思い込んでいるとしたら、それこそ心のさびではないでしょうか？　確かに高い化粧品、化粧品販売の美容部員、大手のエステティシャンの中には信頼に値するケースもあります。ただしそれは企業姿勢がしっかりしているところだけです。例えば、お客様のお問い合わせにあいまいにしか答えない、誰に対しても同じアドバイスをする。質問には答えず聞いていないことばかり説明する。そういう相手でも皆さんは信用できますか？

心身ともにさびを取り除く。キレイになるために必要なステップの一つです。私が利用しやすいサロンをつくろうと思ったのも、実は心のさびを捨てたことによって生まれてきたことです。私はそれまでエステティック・サロンに行くことに対して、どちらかというと腰が引けていたタイプです。それはキレイになるためにスーツを着ていかなくてはならないような、肩の凝るサロンが多かったためかもしれません。しかし、「エステティック・サロンに行くにはお金がかかる。しかも、とても敷居が高い」

そうした心のさびを捨てた瞬間、誰でも気軽に通うことができるサロンのアイデアが次から次へと生まれてきたのです。その瞬間はまるでぴっちりしたボディ・スーツを脱ぎ捨てたときの解放感にも似た感覚を感じました。ワン・サイズ下のボディ・スーツによって無理に押え込まれていた肌や血管が自分自身の意志を持ったかのように息をし始めた。それはそんな躍動感あふれる感覚だったのでした。

「私だって、まだまだキレイになりたい」

その時の私は事業主としてではなく、一人の女性として原点に立ち戻っていました。

「そうだ！　女性なら誰だってキレイになりたい。だったら私の行きたいサロンをつくってみよう」

そう思った時、日常生活とかけ離れていない、しかも等身大で行くことのできる快適なサロンの形が明確になりました。それは、「安かろう、悪かろう」ではなく、「安かろう、良かろう」というサロンだったのです。

最近はファッションもカジュアルなものが見直されています。ブランドものといえば欧米のエレガンス・ファッションが全盛を極めていたのは、もはや過去の話です。今は安くて価値のあるものが、賢い消費者のステイタスであり、立派なブランドになっています。ブランドというのは、本来その企業の魂が形になってお客様の信頼を得るという現象のことを言うと、私は思うのです。

〝大阪発、カジュアル・ビューティ〟

美への情熱と、好きなことをしたいという願いが、今までのエステティック・サロンとは一味も二味も違うサロンを現実にすることを可能にしたのでした。それはお手ごろで誰もが気軽に利用できて、しかもキレイになるという、結果を出すサロン。お客様とエステティシャンが一様に、「気持ちいい」と感じることのできるサロンのことです。それこそが、私の理想とする〝全女性が美を楽しむエステティック・サロン〟なのです。

第2章

体験談

お客様の声が心を満たしてくれます

～「先生、キレイにしてくれてありがとう!」

「シミ、ソバカスがみるみる薄く！山中先生には全身をあずけられます」

黒澤克子さん（三六歳）

私が生まれて初めてまつ毛カールをしたのが、「ジョイ オブ ビューティ やまなか」でした。それまでずっと直毛で下を向いていたまつ毛が、クルンとなった時はうれしかった。お風呂に入っても、顔を洗ってもクルンとしている！ というのが正直な感想でした。しかし、私の満足度一〇〇％《パーセント》に対し、母の言葉は冷たかったのです。

「顔にハエが付いてるよ」

と一言。そこで、二回目からはまつ毛のカールの加減を自然なものにしてもらっています。

ところで、山中先生にすすめていただいたオバジプログラムを始めて二週間が経ちました。長年の悩みの種だったシミ・ソバカスが少しずつ薄くなってきたのが自分でも分かります。ただ、仕事中に角質がはがれていくという、先生おっしゃるところの〝脱皮〟には辛いものがあります。

「顔からフケが……。眉毛が消えている……」

はた目にはあまり、キレイとはいえないかもしれませんね。でも、めげない。だって、あの事件のことは決して忘れることができないもの。

それは、先生のサロンに行って石こうパックをしてもらった時のことです。形がユニークだったので、私は記念にその石こうパックを持ち帰りました。ちょうど子供の夏休みだったので、工作の宿題の材料として面白いと思ったからです。

「好きなように顔を描いていいよ、これはママの顔の形」
と子供に石こうパックを渡すと、楽しそうにペイントを始めました。ところが何と、仕上げに茶色の絵の具でシミ・ソバカスをつけているではありませんか！　自分の子供ながら「模写するのがうまいのかしら」
と思ったりもして。それにしても目の前のことが現実なのね、とちょっと引きつりました。

あの事件のショックをリベンジするためにも、オバジプログラムは続けなくてはならないのです。このオバジプログラムには、アメリカの医療技術が駆使されているとの説明を受けました。でも、今使っているのは東洋人向けに開発されたものだとか。道理で私の肌には、とても合うようです。とはいっても、まだまだ始めたばかりなので、肌が完全にキレイに生まれ変わるには程遠く、時々自分で見ていても顔そのものが気に入らないというようなこともあるんです。

そういうときは外に出るのが嫌になり、こもりがちになりますが、そんな悩みをふっとばしてくれる。これからも安心して、体をあずけられる頼もしい先生でい続けてください。

コメント

「お疲れ様でした」

私のサロンではお帰りになるお客様全員を玄関までお見送りして、そう声をかけるように心がけています。しかし、黒澤さんだけは、

「シーッ」

と、口に指をあてて、ご挨拶をさせてくれませんでした。

「どうして？」
と黒澤さんにお尋ねしたところ、黒澤さんのお勤め先は私のサロンと同じビル内にあり、いつも昼休みの時間帯に来てくださっていたので、「会社にばれたら大変なの」との理由からでした。今は別の会社にお勤めされ、大体土曜日ごとに来てくださっています。

施術を受けられるのは、まつ毛パーマとオバジプログラムのマッサージです。黒澤さんの場合、もともと少しシミが目立っていたのですが、お肌が弱いので何をしてもお肌が赤くなってしまうというのが悩みでした。そんな中で、この〝事件〟は起こったのです。その時の黒澤さんといったら、それこそものすごい勢いで、「聞いてくれる？」とおっしゃって、事の成り行きをお話しになりました。そして、「ショックだった。子供は正直だからね。なんとかしないと」と、それまでのトリートメントより効果の高いオバジプログラムのクリームピールを、ご自宅でしようと決心されたのでした。

「トリートメントだけではない！お肌によい情報をいろいろ教えてくれるからとってもお得」

中垣　舞さん

私が山中先生のサロンに通うようになって、もう五年になります。最初にサロンに行った時、私はまだ高校生で、化粧品など使ったこともなく興味を持ち始めたばかりの頃でした。山中先生のカウンセリングを受け、一般に売られているファンデーションに「石油」が入っていることが多いことを知り、本当に驚きました。その時のことは今でもはっきり覚えていますよ。もし、そのことを知らずに「石油」を顔に塗り続けていたら……と思うと、すごく得をした気分です。

山中先生のサロンは、肌に悪いことは絶対にしないし、ほかのどこよりも良心的な値段なので、友達にも紹介しやすいんです。それに、先生をはじめスタッフの方々もとても温かく、サロン全体がアットホームな感じなので、また次も通いたくなるというのが魅力だと思いますね。また、お肌についていろいろなアドバイスをしてもらえるのですごく頼りになります。常にお肌に良いものだけを紹介してくれるんですよ。

ただ一つだけお願いがあるとすれば、私の家からサロンのある中百舌鳥まで通うのに一時間弱ほどかかってしまうので、家の近くに二号店をつくってくれたら毎日通うことができるのになあ、ということです。

これからも、キレイになるため、末永くよろしくお願いします。

コメント

舞さんは開店当初から通ってくださっているお客様の一人です。

「キレイになっていただくには、ホームケアもしっかりしていただかなくては」

そう思い、当時私のサロンでは定休日にスキンケアの正しい方法やメイクの仕方などの講習を行っていました。お客様へのサービスの一環ですから、もちろん無料の講習会です。ただ、講習会といっても堅苦しいものではありません。私のほうでお茶とお菓子をご用意して、お茶会の感覚で参加者全員が化粧品やメイキャップの情報交換をするような和気あいあいとしたものでした。その中で私が鉱物油の説明をした時に、真っ先に、「うわー、どうしよう」という言葉を発したのが、舞さんとお友達でした。

「どうしたの」と聞くと、「だって石油を塗っていたら火事になったとき、顔が燃えてしまうやん」。あまりにも無垢な感覚だったので、その場にいた全員が思わず、「そんなに心配しないで」と言ったことを覚えています。その後、みんなで大笑いになりましたけど。現在、舞さんはまつ毛カールと脱毛の施術を受けるためにいらっしゃいます。

最初にいらっしゃったのは高校卒業を間近に控えた時だったでしょうか？　お友達三人でまつ毛カールと、美顔のため私のサロンにいらっしゃいました。ほかのお嬢さんたちのうちお一人はお化粧をしていましたが、舞さんはほとんどお化粧をしていません、まるでお化粧っ気がなかったのです。ところが「高校を卒業して大人の仲間入り」というような気持ちが強かったのでしょう。講習会などは、もう興味津々という様子が全身からにじみ出ていました。現在では上手にお化粧をしていらっしゃいます。

「ほおのシミが一年で消えた！　一回一時間一五〇〇〇円の実力」

堺市／真理子さん（三六歳）

私が山中先生のところに通い始めて二年になります。ほおに大きなシミが二つあったので、シミとりをしようと思って行ったのが始まりです。でも、先生が普通の美顔プログラムで消えるというので、通ってみることにしました。するとなんと、一年で消えたのです！　うそみたい！

それまではとても気になってコンシーラーで隠したり、ファンデーションの色を濃くしたり、また自然に厚塗りになったりしていたんですよ。しかし今ではジョイメイクでまゆ毛とアイラインを描いてもらったので、下地クリームと口紅だけで外出できるようになりました。肌の調子もよく、私の年齢にしてはシワも少ないのではと思っています。

いつまでもキレイな肌でいたいと思いますので、これからもよろしくお願いします。

コメント

真理子さんは私のサロンの近くにお住まいなので、週一回は通ってきてくださいます。たまたま、お忙しくて、間があいてしまった時に、「調子が悪い」と、駆け込むようにいらしたことがありました。しかし私がお肌の状態をみると、そんなことはありません。二年間通っていらっしゃいますからお肌はかなり健康になられているのだと思います。

真理子さんは見た目もお若く、まだまだお嬢さんのようです。ちなみに真理子さんのように、ご自分ではかなり気になるというシミも、通常のトリートメントだけでよくなることが、たくさんあります。急激に治そうと思うと、お肌に刺激が強すぎたり、負担をかけたりすることにもなりますので、まず正確なケアをしていくことが大切です。

「悩みよ、さようなら！ほかの人にも自信をもっておすすめします」

高橋玉枝さん（四二歳）

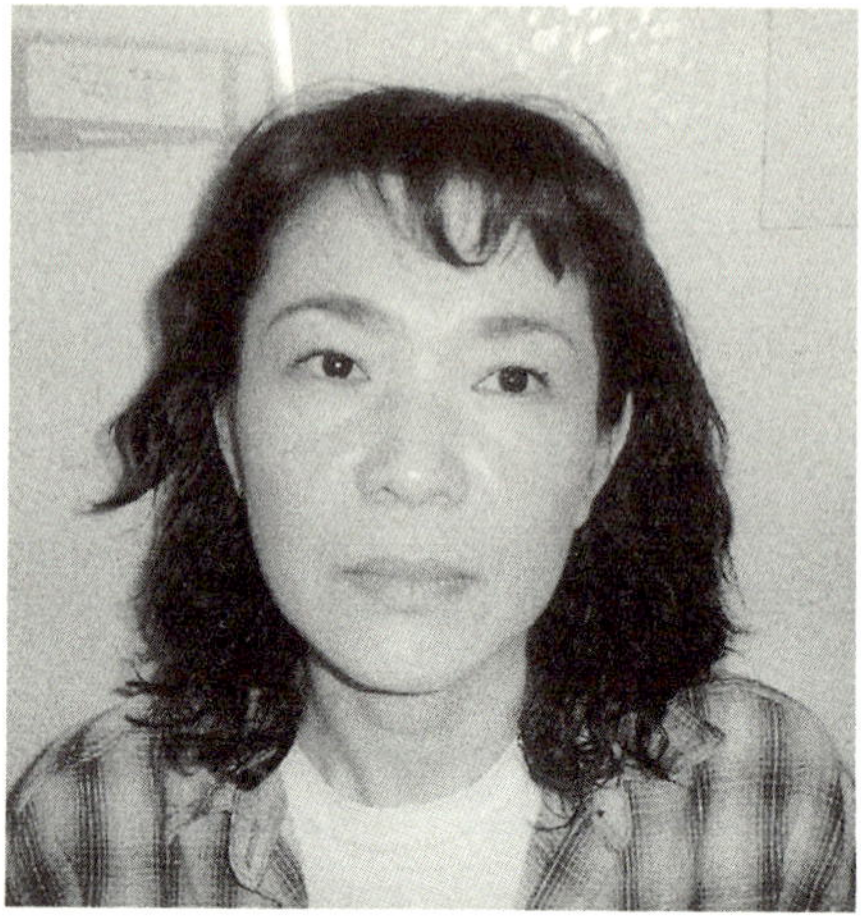

私は子供の頃からソバカスが多く、とても悩んでいました。そのうえ、年齢とともにシミも多くなり、毎日ため息の連続でした。でもオバジプログラムと出合ってから、その悩みが日に日に少なくなりました。友人や知人にも、「顔やせたね」とか「色白になったんじゃない」と言われることが多くなり、最近では素顔でも「お化粧してるの？」と聞かれることもたびたびです。お友達や知り合いにも胸を張っておすすめできるプログラムだと思います。このオバジプログラムをすすめてくださった山中先生にとても感謝しています。

コメント

高橋さんがおっしゃっているオバジプログラムというのは大体六カ月で生まれたての肌を取り戻すことを目標にしているスペシャル・プログラムのことです。しかし、高橋さんの場合には、一カ月ぐらいで誰が見ても分かるように、シミが薄くなったのです。

「先生、見て見て、キレイになったでしょ。絶対三カ月でシミをなくすんだ」と、非常にはりきっていらっしゃいました。今でも、それこそ会う方全員に「シミが薄くなっているでしょう」とおっしゃっているみたいです。

高橋さんは、もう二年くらい通ってくださっています。最初は通常の〝美顔〟でいらしていたのですが、シミが多いので途中でこの自宅での美白プログラムに変えられました。

「美顔と楽しいおしゃべりが若さの秘訣！ エーッ、そんなに年とってるの？ は誉め言葉」

松田美香さん（三六歳）

毎週土曜日の夕方、子供をスイミングスクールに送っていくので、待ち時間を利用してお店に通っています。美顔と脱毛のコースをしてもらっていますが、子供のお迎えの時間に合わせてくださるので、助かっています。先生はとても楽しい人ですし、スタッフの人たちも皆話しやすく明るいので、土曜日が待ち遠しくてしょうがありません。

私には中学三年生と小学六年生の子供がいるのですが、初めて会う人には必ずといっていいほど、「エーッ、そんなに年とってんの？」と驚かれます。これはきっと毎週の美顔と楽しいおしゃべりのおかげだと思います（実際、そんなに年をとっている訳じゃありません、念のため……）。いつまでも若いおかあさんでいたいので、これからも、ずっとずっとお世話になっていきたいと思います。先生、スタッフのみなさん、どうぞよろしく！

コメント

私のサロンの近くに大手スーパーがあるのですが、その中にスイミングスクールが入っています。松田さんがおっしゃっているように、お子さんがそのスイミングスクールに通っているので、車で送り迎えをなさっているのです。最初はその待ち時間に買い物をされていたそうですが、毎週だとどうしてもいらないものまで買ってしまう。そんな時私のサロンのチラシをご覧になったそうです。

「どうせ同じ一五〇〇円を使うんだったら、いらないものを買うより、キレイになったほうがいい」

そう思われたとか。それ以来ずっと通ってきてくださいます。

松田さんと同じく、私もお客様とのおしゃべりが楽しくて仕方ありません。お客様のほうも、悩み事や愚痴をおっしゃっても、それが私のサロン内でとどまることがお分かりになっていらっしゃるのでしょう。嫁、姑問題や、職場の悩み、あるいは恋愛相談まで、いろいろな話題が交わされています。

「週一回の一時間が至福の時！エステなんて無縁の生活だったのに」

菅原　操さん（四五歳）

私は四五歳の公務員です。今まではエステとはまったく無縁の生活を送っていましたが、今年の四月から週一回、美顔に通っています。

エステといえば高額なイメージがありますが、とてもリーズナブルな料金設定なので、安心して続けていくことができています。今となっては週一回の一時間が私にとって至福の時であり、生活のアクセントにもなりました。五〇歳に近づき、周りの人たちから老けたといわれないためにもがんばって続けていきたいと思っています。これからも先生をはじめ、スタッフの方々よろしくお願いします。

コメント

菅原さんは国家公務員の女性です。お休みの関係で大抵土曜日の昼間にいらっしゃいます。最初にサロンにいらっしゃった頃は、どちらかというと人から言われたことに耳を貸されるタイプではなかった、という印象があります。カウンセリングをしていても、「フン、フン」と相づちされる程度で、決して「キレイになりたい」という気持ちを前面には表されないというか。聞くところによると、女手一つで子供さんを育てていらっしゃったとかで、正直私のサロンにいらっしゃるまではおしゃれをする余裕もなかったそうです。

ところが、最近は目に見えてリラックスされているのが分かります。表情も柔らかくなられましたし、お肌もすっかりキレイになりました。また、おしゃれにも気を使われ、日に日におキレイになっていらっしゃいます。さらにダイエットにも気を使われ始めたようです。最初は無口でどちらかというと堅い表情のお客様も、何回か通っていらっしゃるうちに、大抵この菅原さんのように、本来その方が持っていらっしゃる明るさが表面に現れてきます。「気張らずに、がんばる」。美しくなるために、そんな気持ちの余裕も忘れないでください。

「悩みの脂性肌もすっきり！今ではノーメイクでも外出できるほど」

温　玫（オン　メイ）さん（四〇歳）

山中先生には、いつも大変お世話になっております。私は脂性肌のため、吹き出物が頻繁に顔に出ていました。それまで脂性肌を改善するためにいろいろな化粧品を試しても、良い結果がまったく出なかった。

でも、ジョイ　オブ　ビューティに出合い、山中先生からすすめられ、週一回美顔エステをするようになってから徐々に肌の変化を感じました。まず吹き出物の量が減ってきて、ニキビもほとんどできなくなりました。次は肌につやが現れ、今ではお化粧をしなくても平気で外出できるまでになったのです。

この三年間、ジョイ オブ ビューティで美顔エステを続けてきましたが、これからもずっと通うつもりです。本当にありがとうございました。

コメント

オン メイさんが受けられるのは美顔とソフトピール。ほとんど毎回欠かされません。私のサロンではお客様にパックをキープしていただくと、美顔の料金が毎回五〇〇〇円ずつお安くなるようなシステムをとっています。つまり一五〇〇〇円の美顔が一〇〇〇〇円です。パックはほとんどが七〇〇〇円弱。大体二〇回くらい使えるので、一回あたりにするとおおよそ一三五〇円くらい、の計算でしょうか?

オン メイさんの場合、それにソフトピールを足して毎回のお支払いは三五〇〇〇円です。月に一回いらっしゃってくださいますが、金額的なご負担はさほど多くはないのではないでしょうか?

最初にサロンにいらっしゃった時は、実は吹き出物と脂浮き、テカリがものすごかったのです。ところが今では、ほとんどノーマルスキンに近い、すっきりしたお肌になりました。

ちなみにオン メイさんは中国の方です。中国語の先生をされていて、日本語もとてもお上手なので、最初からコミュニケーションに困るようなことはありませんでした。今まで堺に住んでいらっしゃったのですが、つい最近京都に引越しをされました。わざわざ京都からお越しいただいています。

一人でも多くのお客様に、お肌を改善してほしい

～お喜びの声＆トラブル別ケア情報

さて次は、トラブルが少し深刻だったお客様です。皆さんの中には、それぞれのお客様と同じような悩みを持つ方も多いのではないでしょうか？

そのような皆さんのために、スキンケアのポイントをご紹介していきましょう。もしかして今まで間違った思い込みをしてケアをされていた方にとっては、参考になるはずです。

※

「肌のトラブルが減り、色白にもなった！　いいと思っていた化粧品が私の肌に合わなかったなんて」

たか子さん（四三歳）

一年ほど前、友人から先生のところのお試し券をもらいました。その料金の安さにひかれ、サロンを訪れたのが山中先生との出会いでした。当時私はあごのラインに吹き出物、目のまわりに湿疹・シミ・ソバカスといろいろな肌の悩みを抱えていました。ところが、月三、四回の美顔を一年続けた結果、今では、吹き出物がすっかり消え、シミ・ソバカス

も目立たなくなりました。また、久しぶりに会った友人からは、「肌がすっかり白くなったね」と言われるほどになりました。ただ、湿疹だけは季節によって一進一退の状態なので、もう少しで良くなるかもしれないと期待しながら先生のところに通い続けています。

ちなみにトラブルを抱えていた頃、私はＤ社の基礎化粧品とＡｄ社のメイク用品を使用していました。でも洗顔石鹸はアルカリ性で肌に刺激が強く、鉱物油の入っているファンデーションはシミを増やす原因にもなりかねない、ということを先生のお話から知り、がく然とした覚えがあります。今後も、化粧品に対する知識をさらに深め、信頼できる山中先生にお世話になりながら素肌美人を目指していきたいと思います。

コメント

エステはまず実際に行ってみないとどういうものか分かりません。私のサロンでは、お試し券を作って自由にお客様にお持ち帰りいただけるようにしています。お客様がお友達などに私のサロンをすすめてくださるにしろ、何もないと、なかなか実際には来ていただくに至らないでしょうから。

このたか子さんは、少しさわっても真っ赤になるほどのアレルギー肌です。アレルギーを改善するためのトリートメントを受けに、ほぼ週一回のペースでいらっしゃっています。

column of beauty 5

「スキンケア情報①
アレルギー肌に刺激は禁物」

前述の通り、人間の体の皮膚は弱酸性に保たれているのが普通です。本来のお肌にとって良いpH（ペーハー）は、四・五～六・五の弱酸性のものだといわれています。

しかし、アルカリ性の化粧品を使用すると、大事な皮脂膜がはがされてしまいます。もちろん、お肌もアルカリ性に偏ってしまうのです。ただ、本来皮膚には自然治癒力がありますから、石鹸だけの使用なら、時間がたてば自然に弱酸性の肌に戻るのが普通です。ただし通常皮脂膜が再生するには二時間くらいかかるといわれています。その二時間の間も、紫外線に当たったり、水分が蒸発したり、あるいは細菌が付着したりと、お肌にとっては非常にダメージが大きい状態でもあるのです。

アレルギー肌の場合、極力刺激を避けたほうが無難です。また、皮膚の抵抗力が弱いので、自分の力だけではアルカリ性に偏ったお肌を弱酸性に戻すことがなかなかできません。お肌の弱い方やお肌になんらかのトラブルを抱えている方は、なるべく弱酸性もしくは中性の化粧品を使われることをおすすめします。
ケアのポイントとして次の三つを覚えておきましょう。

①体の内外の活性酸素を除去する
②精神的にリラックスする
③トラブルの原因を早くつきとめる

「良心的な料金と、先生のポリシーが私にはピッタリ！」

長曽根町／下町佳子さん

とにかく料金がとても良心的なのにビックリ。それと、「一回五〇〇〇円のエステに行くより、回数を多く行くほうがいいでしょう」という先生のポリシーがとても気に入っています。だから続けられるのかな……この四年。

コメント

「キャンディ・キャンディみたいね」

それが下町さんのカウンセリングをした時の私の第一声です。今思えば、失礼な表現でした。ただ、初めてお店にいらっしゃった時、目から鼻にかけてかなりひどいシミがあって、本当にびっくりしたのです。そう思うくらいの黒いシミでした。とてもキレイな顔立ちをしていらっしゃるのに、お悩みは深いだろう、とも思ったものです。

下町さんは、まず化粧品をすべて弱酸性、無鉱物油のものに変えられました。それだけでもしばらく使い続けると、ほとんど肉眼では分からないほどシミが薄くなりました。ところが、キレイになるともっとキレイになりたいと思うのは、女性の常。現在はよりお肌の再生機能を高めるためにオバジプログラムを自宅のケアに加えていらっしゃいます。

このプログラムの特徴として、肌の再生を促すために毎日角質が少しずつはがれてくるということがあげられます。下町さんは角質が自然にキレイにはがれていくように、お店にマッサージにいらっしゃっているのです。

column of beauty 6

「スキンケア情報②
シミ対策は、ＳＰＦの低い日焼け止めをこまめに塗ること」

　ここでシミについて少しご説明しましょう。シミは前述のソバカス同様、皮膚生理学の観点からみると、自ら皮膚を守ろうとして起こる生理現象の一つと考えられています。さまざまな外部刺激によってメラニン色素が防御反応を起こし、異常繁殖をするため、シミが出来てしまうのです。また、古くなった角質がはがれ落ちないで、メラニンがそのまま残ってしまったためにシミが出来やすくなる、という場合もあります。日本人は欧米人に比べると皮膚がんにはなりにくいといわれていますが、日焼けをしてすぐ赤くなる人は、要注意！　そういう人は皮膚が外からの刺激に弱いというのが一般的ですから。油断していると肌全体がくすみ、すぐにシミが出てきます。

　それだけではありません。そのような肌の人は鉱物油中心の化粧品や香料等がたくさん入った化粧品でもかぶれたり、シミになったりします。化粧品選びも慎重にしたほうがいいでしょう。シミを増やさないためには、まず何よりも紫外線予防が大切です。紫外線というのは夏だけのものではありません。太陽から出る紫外線の量は三月から、徐々に増えています。あるいは家の中でも蛍光灯などから紫外線が出ていると思ってください。ですから、たとえ外出しない日でも、ほぼ一年中、日焼け止めを塗ったほうが肌のためにはよいのです。

ただし、一つだけ注意を。日焼け止めにはSPF＝紫外線防御指数が表記してあることは皆さん、ご存じだと思います。SPFが高い化粧品は通常合成紫外線吸収剤が多く入っているため、日焼け止めの効果が高いとされているのです。ところが紫外線吸収剤は、一方ではとてもアレルギー性が高いとされるものです。SPFは通常、表記数値１あたり、約二〇分の効果があると言われています。例えばSPF20の日焼け止めの場合には四〇〇分、つまり約六時間半の効果が期待できるのです。でも、夏季は汗をかいて日焼け止めが流れ落ちてしまいます。また、海水浴など水に入ることによっても流れ落ちたり、ふき取ったりすることで、日焼け止めがなくなります。これでは日焼け止めの効果がありません。ですから、お肌のためを思えばなるべく低い数値のもの、一般的には15〜35くらいのものをこまめに塗り直したほうが賢明です。また、特にお肌が敏感な方は、最近では「紫外線吸収剤を使用していません」というような種類の化粧品も普及していますので、このような化粧品を探して使用したほうが無難といえます。ただし、紫外線対策は日焼け止めだけでは不十分です。ビタミンA、C、Eなどの含まれた食品をたっぷりとるようにしましょう。例えば、お豆腐やサラダ、そしてレモンやイチゴなどのフルーツなどがそうです。

ちなみに皆さんは、タバコを吸われますか？　紫外線とは、直接の関係はありませんが、タバコを一本吸うごとに二五ミリグラムのビタミンCが破壊されてしまいます。同じような環境にいても、タバコを吸うだけで活性酸素は増えやすいのです。タバコを吸う方は、とりわけフルーツやジュース、また天然のサプリメントなどでビタミンCを十分補うことを心がけましょう。ビタミンCは、体内に蓄積するのが難しいといわれる栄養素です。回数を分けて、なるべく頻繁に補給することが必要です。

「エステティシャンの巧妙なハンドマッサージでストレス解消！トリートメント後、自分の肌をさわるのが楽しみ」

M・Kさん

私は子供の頃からアトピー肌なので皮膚が乾きやすく、とても困っていました。「ジョイオブ ビューティ やまなか」では、アトピー肌には表示指定成分無添加の刺激が少ない基礎化粧品を使ってくださるので、とても安心です。

トリートメントの中で特に私が好きなのはハンドマッサージです。これをしてもらうと、日頃のストレスもとんでいくような気がします。最近では、エステ終了後の自分の肌をさわるのが密かな楽しみになっています。また値段も良心的なので一日きりではなく、継続できる点がとてもうれしいですね。

コメント

M・Kさんは開業当初から通っていらっしゃいますが、途中二年間アメリカに留学されました。日本に戻ってきてからも、すぐにまた来ていただいております。アトピーの方はお肌が乾燥しやすいため、特に季節の変わり目などはお肌がかゆくなることが多いのです。

Ｍ・Ｋさんの場合、アメリカでは私のサロンで使用していた化粧品を使われていたそうです。でも、日本に戻ってきて間もなく環境が変わったためでしょうか、一時的にかゆみがひどくなってしまったのです。そのため私のサロンで使用している、より刺激の少ない表示指定成分無添加の化粧品〝アトピー専用＝「ＡＴシステム」〟に変えられました。今はトラブルフリーに近いコンディションを保っていらっしゃいます。

column of beauty 7

「スキンケア情報③ アトピー肌は、何よりお肌を乾燥させないこと」

アトピーの語源は〝不思議な〟〝原因の分からない〟という意味だそうです。それほど難解な病気なので、このアトピー肌で深刻な悩みを抱えていらっしゃる方は、思った以上に多いのではないでしょうか？　でも、あきらめないでください。根気よくケアをすれば、必ず改善されるはずですから。

まず、その原因ですが、地球環境の悪化をはじめ体調の変化や薬の乱用、あるいは食生活の欧米化などにより、体内に活性酸素が大量発生してしまう。それが皮膚の保湿作用を奪い、肌の乾燥を助長してしまう、というのが一般的です。

改善方法として、次の三つが考えられます。

①皮膚生理機能を損なわないスキンケアを毎日続けること
②食生活のバランスを整えること
③リラックスした精神状態でいること

化粧品については肌によい化粧品のポイントを守って選ぶようにしてください。念のため確認すると、まず弱酸性のもの、そして鉱物油脂やアルコール、さらに合成色素や合成香料を使用していないもの、あるいは表示指定成分が無添加のものを探すように心がけましょう。

さてここで、化粧品のボトルに表記してある表示指定成分について、少し触れておきたいと思います。表示指定成分と聞くと、何か肌によいもののような感じを抱かれている方は少なくないと思います。

そうではありません。表示指定成分というのは、「ここに書いてある成分はアレルギーを起こす可能性がありますよ」というメッセージのことです。ですから、「表示指定成分が少ないものを選ぶ」という基準は、特に肌の弱い方には大切なことなのです。最近は、「表示指定成分無添加、無香料、無鉱物油、弱酸性」といった内容をパンフレットなどに明記した化粧品もあります。あまり神経質になるのも考えものですが、取捨選択する時の目安として覚えておくと便利です。

ところで、次のこともお肌を乾燥させます。注意しましょう。

①暖房などの空調による空気の乾燥

②酵素洗顔剤の常用
③顔そり
④ナイロンタオルなどの使用
⑤蒸しタオル美容法の習慣化

さて、この五つのうち②と⑤は通常、肌によいとされていることです。ちなみに酵素というのは、本来、皮膚が自然に作り出すものです。しかし、酵素洗顔剤などを常用することによって皮膚が本来の働きを妨げられ、自然に作り出す力が損なわれてしまうのです。どうしても酵素で顔を洗いたいという方は、週一回程度の使用にとどめてください。ただしアトピー肌の人にはおすすめできません。

同様に、蒸タオル美容法についてですが、これは肌にスチームを当てているのと同じです。スチームを当てることによって、毛穴の中に水分が入りやすいような気がしますが、実際には水分の蒸発を促し、肌をより乾燥しやすい状態にしてしまっているのです。アトピー肌の方はもちろん乾燥肌の方も絶対しないほうがいいでしょう。

次に食生活の注意点です。ビタミン、ミネラルたっぷりの和食中心の食事を心がけましょう。逆にアトピー肌にとってよくないのは刺激の強い食品。コーヒー、チョコレート、極端に甘いものや辛いもの、さらに肉や脂肪などはできるだけとらないようにすることが大切です。もちろんタバコもよくありません。

そして、もう一つ大切なのはリラックスです。ストレスは肌の大敵。これはすべての女性にいえることですが、いつもニコニコして、ストレスをためないことです。それに、ストレスをためて暗い顔をしていると、縦じわ等が増え、自然と老け顔になってしまいます。さらに化繊のものが直接お肌に触れないように注意し、またシャンプーやリンスなども弱酸性のものを使うように心がけましょう。

スキンケアのポイントとしては、朝晩、前述のヒアルロン酸原液などで水分補給をしっかりしてください。またお風呂上がりには、スクワランオイルなどの良質なオイルを塗って肌を乾燥から守りましょう。

「デコボコのニキビあとが薄くなった！トリートメント後の昆布茶で、ほっと一息」

石井陽子さん（二三歳）

私は中学から高校にかけてニキビに悩まされ続けていました。高校卒業後、少しずつニキビは出来なくなりました。でも無意識にニキビをつぶしていたせいか、デコボコしたニキビあとがたくさん残ってしまったのです。そんなわけで、「透き通った素肌になりたい」と、以前から美顔には興味があったのです。ただどこも価格が高く、なかなか通う決心はつきませんでした。

そんな頃、地元の町の情報誌に「ジョイ　オブ　ビューティ　やまなか」について書いてあるのを見つけたのです。

「美顔六〇分一五〇〇〇円」

そこに書かれた、その文字にとてもひきつけられるものがありました。でも正直なところ、あまりにも安くて反対に大丈夫なのかと心配にもなりました。ただ、場所が近いこともあり、「とにかく一度サロンに行ってみよう」と思ったのがきっかけです。

実際にトリートメントを受けてみると、とにかくマッサージの気持ちがよかったのです。コースが終われば、今度は飲み物のサービスをしてくれました。それもコーヒーが苦手な私には昆布茶を出してくれたのです。にもかかわらず、化粧品を押し付けるようなこともなく、使っている化粧品のｐＨを調べてくれたりもしたのです。何をおいても、とても良心的な感じがしたので、しばらく通ってみることにしました。実は先生の迫力に負けたのもあるんですが……。いずれにしても、いまだに初めてお店に行った時に感じた温かさは変わりません。

私は家ではなるべく弱酸性、ノンアルコール、無香料のものを使用しています。現在通い始めて八カ月になりますが、少しずつニキビ跡が薄くなってきているような気がします。

これからも透き通るような素肌を目指して通い続けようと思います。

コメント

時間的にハードですし、いろいろと気を使われることが多いからでしょうか？　私のサロンには、看護婦さんがよくいらっしゃいます。石井さんも看護婦さんです。石井さんに限らず看護婦さんの場合、夜勤明けにいらっしゃる方が多いのですが、皆さん大抵トリートメントの間中、眠っていらっしゃいます。お休みの間に肌がキレイになって、それで「あー、「気持ちよかった」と言ってお帰りになるパターンがほとんどです。

石井さんがおっしゃるお飲み物のサービスですが、そのほかにも日本茶、紅茶などをご用意しています(水道水では体内に活性酸素を増やすので、湧き水を使用しています)。一時間のトリートメントというのは、お客様は受ける立場とはいえ、意外と疲れるものなのです。ですからお好きなお飲み物でも召し上がって、ホッと一息ついていただきたくてサービスを続けています。

column of beauty 8

「スキンケア情報④ ニキビ肌は一に洗顔、二に洗顔」

肌というのは赤ちゃんの時から常に成長しています。その成長速度がピークに達するのは、いわゆる思春期と呼ばれる年代です。その時に皮脂が過剰に分泌されるので、思春期にニキビに悩む人は、とても多いのです。

ニキビは、医学的にはアクネと呼ばれます。毛穴に汚れがたまり、そこに細菌が繁殖して出来てしまうことを言います。その原因はさまざまです。思春期に出来るニキビのほとんどが皮脂の過剰分泌が原因ですが、成人してからのニキビは、以下に列記することが原因になることもあります。

①ホルモンのバランスの乱れ
②化粧品の油分のとりすぎ
③脂っぽいものや糖分の多い食事
④ストレスや生活の乱れ、環境の変化

⑤薬物の乱用

⑥お肌のいじりすぎ

⑦ペットに顔をなすりつける

⑧刺激性の強いヘアリキッドの使用

ニキビが出来ると、どうしてもつぶしたくなってしまうもの。ニキビというのは一つ治ったかと思うと、また出来るというやっかいなものです。それを一つ一つつぶしていてはきりがありません。それに、つぶしてしまうと後が大変です。ひどいときにはお肌に穴があいたようになったり、ニキビの刺激が引き金となってメラニンが大量生産され、ニキビあとが赤黒いシミになって残ってしまったり、ということにもなりかねません。ニキビをつぶしたり吸引したりするようなことは絶対に避けましょう。

また脱脂力の強い酵素入り洗顔剤やスクラブ洗顔剤、さらにアルカリ性洗顔剤などの使用もおすすめできません。

ニキビが出来たら、弱酸性の刺激の少ない洗顔剤で、こまめに洗顔をすることが一番です。肌を清潔に保ち、細菌が繁殖しないようにすればいいのです。洗顔後も細菌の繁殖を防ぐため、弱酸性の化粧品を使用したほうがいいでしょう。

いずれにしろ、毛穴をふさぎ、ニキビを悪化させるファンデーションは一切使わないこと。さらに油分の多いクリームや刺激の強いアストリンゼン、あるいは鼻の脱脂パックなどはご法度です。皮膚呼吸を妨げない、刺激を与えない。この二つは肌への思いやりの最低条件です。

ところで、皆さんは〝ステロイド剤〟という名前を聞いたことがありますか？一般には肌がかゆくてたまらないときに抗炎症、抗アレルギー剤として、皮膚科等で出される薬のことです。大抵はアレルギーやアトピー肌に処方されることが多いのですが、まれにニキビ肌にも使われることもあるようです。

知人のお医者さまもこうおっしゃっています。

「ステロイド剤はホルモン剤で、これを体の外部から与え続けると、体本来のホルモンバランスを乱すことにもつながります。ひどい場合には自律神経の働きがおかしくなったり、胃腸障害を起こしたり、時には白内障や神経障害を引き起こす可能性もあるのです。炎症等に対して即効性があるのはもちろんですが、その副作用はいろいろなところで顕在化しています。長期常用は絶対にすべきではありません」

お客様もエステティシャンも真剣
～やせたら二四万円お返しします

これからご紹介するのは痩身コースのお客様の声です。痩身は通常週二回、三カ月コースで料金三〇万円です。一般のエステでは「やせなかったら料金をお返しします」というキャンペーンを実施しているところがほとんどかもしれません。

皆さんは「やせなくてもお金が戻ってくればいい」と思われますか？

私がお客様の立場なら「何がなんでもやせたい」と思うのが本心。そこで私のサロンでは、「やせたら二四万円をお返しします」というキャンペーンを実施しました。そのほうがお客様も真剣になるでしょう？

さらに、ダイエットというのは、食生活も大きなポイントです。きちんと食べて、しっかりやせる。そのため食生活のアドバイスは欠かせないのです。私のサロンでは、スリミングを受けられるお客様には必ず食事記録をつけていただきます。食事記録は三食すべてですから、お客様自身が真剣でなければ続かないのです。

ちなみにここでご紹介するのは、美顔でいらしていたお客様で、しばらくお休みが続いた方です。

「痩身コースのモニターになりませんか」というキャンペーンハガキを出し、ご希望された方にのみ、スリミングを受けていただきました。

「先生とスタッフの皆さんに励まされて停滞期も脱出！一生はけないとあきらめていたスカートがはけるようになった」

N・Kさん（二七歳）

私は今までいろんなダイエットをしてきました。その時は体重も減るんですが、すぐリバウンドしていました。また、体型のバランスが悪く、下半身に人の何倍もお肉が付いていました。特にふくらはぎなどは筋肉がついてガチガチ。もう、それこそ足を人前に出すのが恥ずかしく、いつもズボン姿でした。「一生この太い足と付き合っていくんだ」と、ほぼあきらめの境地だった時にモニターの募集がありました。その時は、三カ月なんてあっという間だと思っていました。

ところが、実際にはとても長かった。はじめの二週間は一〜二キログラム、すぐ体重が減ったんですが、停滞期が長く、なかなか体重が減らなくて。何度もくじけそうになりましたが、先生やスタッフの方の励まし、あるいは食事指導のおかげで、なんとか停滞期を脱出することができました。中でも今回とても大変だと思ったのは毎日の食事でした。仕事がら、食事は不規則で、バランスのとれた食事がまったくできません。同時に水分が多く、しかも塩分の多い食事をしている傾向が強いことにも気がつきました。

「体型を変えるにはまず規則正しい生活を送り、体の中から変えていくことが大切」ということを、このモニター期間で身をもって経験したような気がします。長かった三カ月が過ぎ、無事にやせることができました。これからもリバウンドしないようにストレッチなどの運動で消費カロリーを増やそうと思っています。また、栄養バランスを考えた食事を行い、体重を維持していくように努力していくつもりです。

最後になりましたが、先生とスタッフの方に心から感謝しています。

コメント

N・Kさんは看護婦さんです。仕事がら立ちっぱなしであること、それとやせたい一心の歩きすぎで、それこそ足が筋肉でパンパンになっていたのです。

この筋肉、脂肪と違い、やせるという意味ではかなりの曲者です。N・Kさんの場合、まずもみ出しで筋肉を軟らかくしてから、余計な脂肪を超音波やパックでとっていかなくてはなりません。もみ出しをすると、こちらはもう全身汗だく。あまりにも筋肉が硬いので、途中思わず、「もう、歩かないで」と言ってしまったほどです。

私はがんの摘出手術を受けていますので、一般の方よりは抵抗力が弱まっています。本来は体力を使いすぎないようにお医者さまから注意されています。しかし実際には、体力的に大変な思いをしても、その後必ずそれを補ってくれる充実感があるので、あまり気にはならない、というのが本当のところなのですが……。

(施術前)
●4月30日　体重　53.4 kg
ヒップ　83.6 cm
太股　　　　(右) 48.5 cm (左) 48.8 cm
ふくらはぎ (右) 35.1 cm (左) 36.0 cm
足首　　　　(右) 25.5 cm (左) 24.3 cm
体脂肪　10.0 kg
体脂肪率　18.8%

(施術後)
●7月25日(2カ月25日)
●体重　47.0 kg　ヒップ　78.0 cm
太股　　　　(右) 44.1 cm (左) 44.3 cm
ふくらはぎ (右) 31.7 cm (左) 32.4 cm
足首　　　　(右) 19.8 cm (左) 19.5 cm
体脂肪　7.6 kg
体脂肪率　16.1%

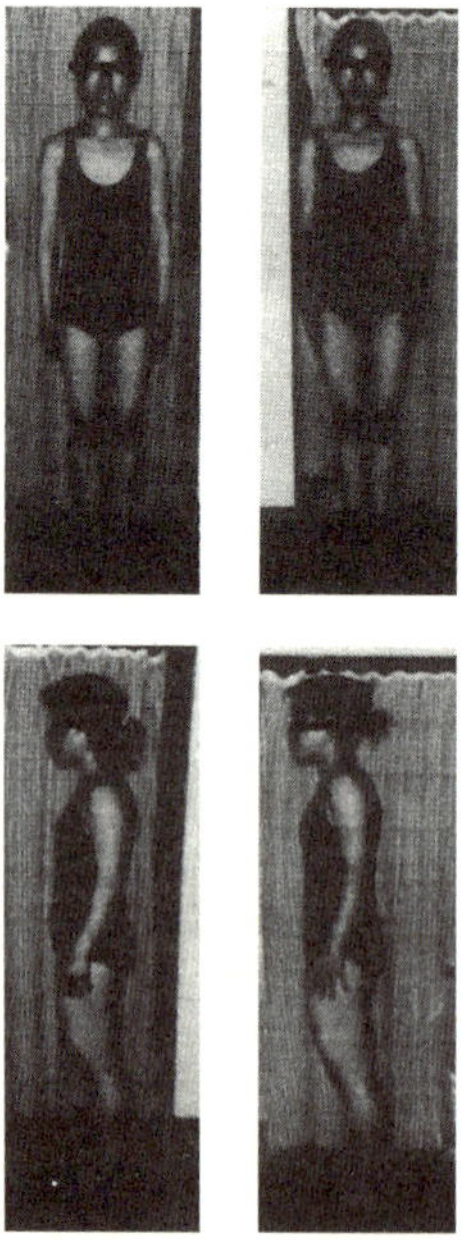

「気のゆるみとともに増えた体重が元に戻りつつある！先生と皆さんの、気合のおかげです」

C・Sさん（三七歳）

今までは、体重大体五〇キログラムを維持していたのに、少し気をぬいてしまった途端、アッという間に六〇キログラム台に突入！「わあ、どうしよう」と思っていた時に先生から一枚のハガキが届きました。これも何かの縁と思い、モニターにチャレンジしたのです。

先生やスタッフの方からいろいろとアドバイスをいただき、食生活のバランスの悪さなどが原因で体重が増えたということが分かりました。三、四、五月の三カ月間は、叱られたり誉めていただいたりの繰り返し。でも、先生やスタッフの方々による気合の入ったエステのおかげでなんとか五〇キログラム台に戻すことができました。ただし、これで終わりではなく、これを始まりとして、これからもがんばってもう少しの減量を目指したいと思います。いろいろと本当にありがとうございました。先生、お体に気をつけてこれからもがんばってくださいませ。

コメント

「もう一回痩身コースに入りたい」

それが、現在のC・Sさんのご希望です。というのも、一度おやせになったのですが、また少し体重が戻ってしまったからなのです。

しかし前述のように、この時はキャンペーン中で料金がお得。もう一度やるとなると、定価で受けていただかなくてはいけないのでもったいない。それよりも「まずコースに入った時の食事をもう一度思い出してください」とアドバイスをさせていただいています。

「あの時きちんとやせたでしょう？　もう一回思い出して、同じ食事をしてください」とも。C・Sさんは専業主婦の方です。生活のリズムを整えてバランスのよい食生活をすること。まず原点に立ち戻って、そこから始めていただくことが大切だと私は思っています。

（施術前）
●3月11日
体重　62 kg
アンダーバスト　81.2 cm
ウエスト　79.5 cm
腹部　94.6 cm
ヒップ　97.9 cm
体脂肪　19.8 kg
体脂肪率　31.9％

（施術後）
●5月28日
体重　55.9 kg
アンダーバスト　73.5 cm
ウエスト　71.3 cm
腹部　89.8 cm
ヒップ　97.9 cm
体脂肪　14.6 kg
体脂肪率　26.1％

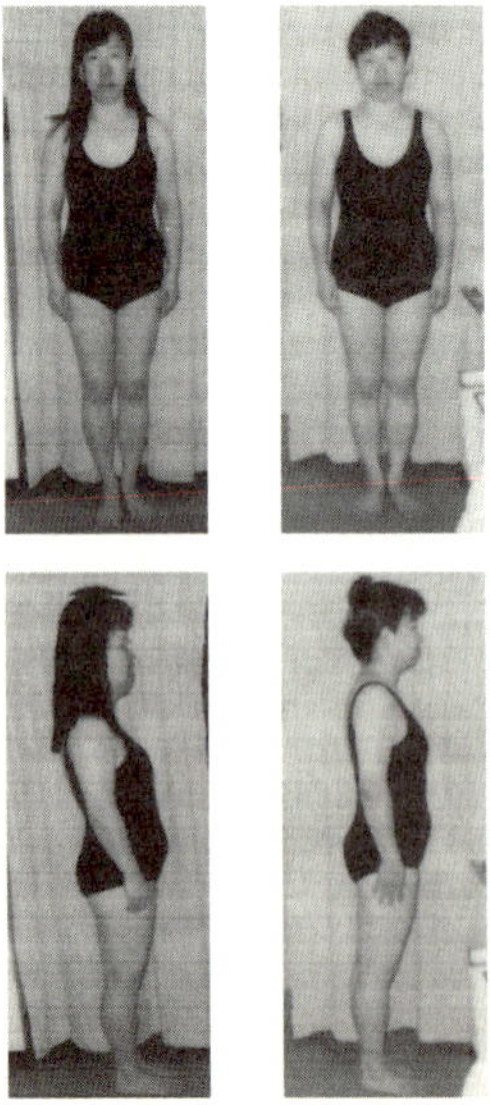

「やせた！ そのうえ高脂血症気味だったのも治った！うれしくて、洋服もたくさん買いました」

S・Aさん（二七歳）

やせました!!

あまりのうれしさに洋服をたくさん買ってしまいました。特にウエストが五八㌢になったので、体にフィットするワンピースを着るのが楽しくて楽しくて……。

今までいろいろダイエットを試しましたが、少しやせてはリバウンドの繰り返しで、目標体重までは到達できませんでした。

しかし、ここでは先生やスタッフの皆さまによる叱咤激励のおかげで期待以上にやせることができました。一人では途中で挫折していたと思います。体重が減ったり増えたりする度、一緒に喜んだり悲しんだりしてくれる人のいることが、ダイエットをするうえで、こんなにも心の支えになるものなのかと実感しました。本当にありがとうございました。

ダイエット中は厳しい食事指導やあまりに痛いマッサージ、また、暑くて意識がなくなりそうなサウナ等で、先生のことを少し恨めしく思いました。でも今はただただ感謝でいっぱいです。

そして、厳しい食事指導のおかげで体の調子もとてもよくなりました。職場の検診で高脂血症気味だったのが、正常値になったのもうれしい報告として先生にお伝えしたいと思います。

コメント

S・Aさんも看護婦さんです。食事指導によって高脂血症気味ではなくなったとのこと。ホッとしました。高脂血症だけでなく、過食や飽食が招く病気は意外に多いものです。皆さんも、健康になるため、まず食生活を見直すことから始めましょう。

（施術前）

●4月6日
体重57kg
ウエスト66.9cm
ヒップ92cm

太股	（右）52.0cm	（左）50.0cm
ふくらはぎ	（右）29.8cm	（左）30.8cm
足首	（右）29.0cm	（左）28.0cm

体脂肪　16.1kg
体脂肪率28.3%

（施術後）

●6月27日
体重50.5kg
ウエスト58.0cm
腹部81.0cm
ヒップ86.9cm

太股	（右）46.5cm	（左）44.8cm
ふくらはぎ	（右）28.4cm	（左）27.8cm
足首	（右）20.5cm	（左）20.5cm

体脂肪 10.3kg
体脂肪率20.4%

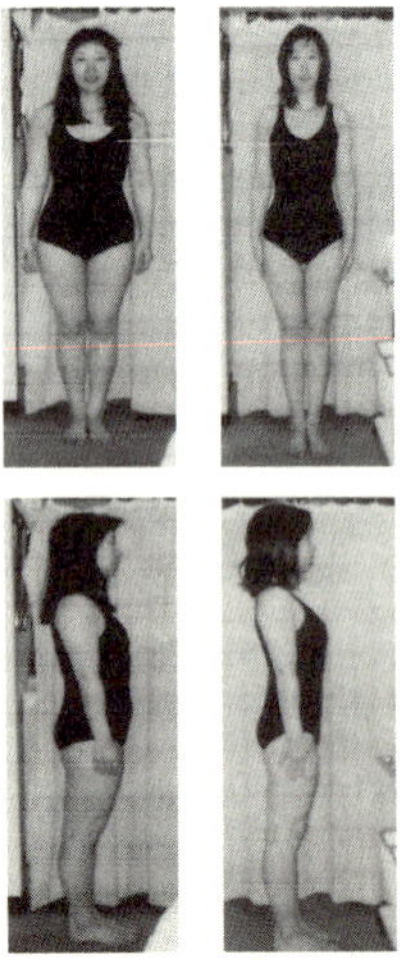

column of beauty 9

「先生、教えて！ きちんと食べてやせる方法はありますか？」

「正しく食べる」。これが健康な生活の基本です。私のサロンでは瘦身コースに限らず、来ていただいたお客様全員に正しい食生活を習慣づけることをアドバイスさせていただいています。次にご紹介するのは、皆さんからよく聞かれる質問に対して、知人の看護婦さんと一緒にお答えした内容です。体重を落としたい方だけでなく、体調を整えたいという方にも参考にしていただけるのではないでしょうか？

※

Q ダイエットをするためになぜ、食べ過ぎないようにする必要があるの？

A 答は二つあります。一つは、飢餓療法を通じて余分な脂肪を減らすため。もう一つは不必要な脂肪が新たに形成されないように防ぐためです。正しい食生活をすることによって適量な脂肪を保てるうえ健康になり、さらにダイエット効果も得られるという訳です。

Q では、どうして食べ過ぎてはいけないの？

A 長期的に過食、飽食をし続けると、大腸の中の「繊維芽細胞成長因子」という細胞が爆発的に増えてしまいます。少し難しい内容になりますが、これは毛細血管内皮細胞や脂肪細胞の増殖の原因になる細胞です。食べ過ぎれば、この細胞は増え続ける。すると今度は、動脈粥状効果を招き、さらには脳血管硬化を誘発してしまうこともあるのです。そうなると、ついには若い時期から、知力が衰えたりする、ということにもなりかねません。

つまり食べ過ぎは体重が増えるだけでなく、血液にも異常をきたし、あるいは脳の働きも衰えさせてしまうのです。食事は腹八分目にとどめることが必要です。食べ過ぎは厳禁！

Q 私は好き嫌いが激しいのだけれど？

A 「食事はバランスよく」が基本です。好き嫌いは体によくありません。ノリやヒジキ、そしてワカメ。一般に体によいとされている海産物です。でも、これだけを食べ続けると関節炎を起こしやすくなってしまうのをご存じですか？　また、肉や魚などに偏った美食を続けるとグルタミン酸の摂取量が過多になり、脂肪がつきやすくなります。

Q 忙しくても朝食はきちんととらなければいけないと聞きましたが？

A その通りです。人間の体は空腹時には体内の胆汁に含まれるコレステロールの濃度が高くなってしまいます。朝食をとることで、胆のうの中の胆汁が押し出され、消化を助ける働きをします。もしも朝食をとらないということが習慣になると、胆汁の中のコレステロールが固まって胆石が出来やすい体質になってしまいます。

また、一日二食にした場合、ついつい食べる量が増え、結局は脂肪のたまりやすい体になってしまうのです。朝食はしっかりとりましょう。エネルギーが安定的に供給されるので仕事の能率も上がるはずです。

Q 夕食は控えめに、と言われることが多いのですが……。

A これもまたその通りです。夕食をとりすぎるとインシュリンの分泌が増え、より多くの脂肪が作られます。「朝食はしっかり夕食は控えめに」が鉄則です。

Q 健康のために、新陳代謝を促し、利尿作用を高めることが必要だと聞きました。具体的には、どうすればいいのですか?

A お湯を飲むのが一番です。大人の場合、一日に少なくとも六〜八杯の白湯を飲むとよいと言われています。水というのは、本来体内脂肪の代謝を刺激する働きがあり、また食欲を押さえてくれるものでもあるとされています。ただし、冷水は体を冷やすので要注意!なるべく白湯を飲むようにしましょう。

そのほかにも、水分には体内にたまった体液をその都度代謝させ、利尿作用を高める働きもあります。脂肪細胞を分解するときには大抵有毒なものが生まれます。それらはほとんど腎臓や肝臓から吐き出されることが多いのですが、体内に十分な水分があれば、より楽に吐き出すことができるのです。ちなみに朝食の前に一杯の水を飲むと胃腸の洗浄にもなります。さらに、血液中の水分も補いますので心臓病の予防にもなるのです。

Q ダイエットに効果的な食べ物はありますか？

A あります。フルーツです。フルーツはその成分のほとんどが水分ですから、カサがあり、食べた後十分な満腹感が感じられます。自然と食事の量も減らすことができるので、ダイエットにはもってこいです。中でも特に、スイカやリンゴ、さらにナシ、バナナ、パイナップルには、その効果が期待できます。次に効果的なのは、カキ、サクランボ、ミカン等です。ただし、フルーツを夜遅くに食べると水分で翌朝体がむくみます。また、体を冷やしてしまうので脂肪細胞が固まり、脂肪がかえって溶けにくくなってしまうこともあります。

さらに、いくらヘルシーとはいえ、フルーツにも果糖が含まれていますから、糖分をとることには違いありません。食べ過ぎに注意！　夜は避け、なるべく朝、適量のフルーツを食べるほうが、その効果も期待できます。

＊中国のことわざに、「朝食べる果物は金　昼は銀　夜は鉛」というのがあります。

Q　甘いものに目がないのですが？

A　一言でいいましょう。糖分はダイエットの敵です。また体のためにも良くありません。まず高カロリーであるということ。さらに食べ過ぎると体内の血糖値が上がり、インシュリンに負担をかけるので糖尿病になることもあります。またカロリーが高いため、どうしても消費しきれず、中性脂肪に変わってしまう。それが皮下に貯えられ、肥満を生み出すことになるのです。それに甘いものを食べ過ぎると体内のビタミンが大量に消耗されます。つまり、憎き活性酸素をたくさん発生させてしまうのです。

まだまだあります。胃酸過多になり消化不良も招きやすい。あるいはカルシウムの代謝が乱れ、子供の場合、骨格形成にも影響を及ぼしかねません。最悪の場合には、コレステロール値が上がり血圧も高くなる。ひいては心臓、血管の病気を引き起こすことにもなりがちです。

お分かりでしょうか？　甘いものは控えること。お肌にとっても、体にとっても、あまりいいことはないのですから。でも中には「甘いものがないと生きていけない」というほど、甘い物が好きな方もいるでしょう。そういう方は食べる量を徐々に減らすように努力することが大切です。いくら体によくないからといって、甘いものを食べることのできないストレスがあまりにも大きくなるのは考えもの。ストレスの反動で過食に走らないとも限りません。

Q 天ぷらやトンカツなどの揚げものが大好物なんですが……。

A 甘いもの同様、油も体には良くありません。動物性であれ、植物性であれ、油はどうしてもカロリーが高くなってしまいます。お料理をするときは、なるべく油の量を減らしましょう。また、油っこいものを食べるときは、野菜を一緒にたくさん食べたいものです。

Q 食事をするときに気をつけなければいけないことは何ですか？

A まず、炭水化物、たんぱく質、脂質、ビタミン、ミネラル、繊維質といった六大栄養素をバランスよくとるように心がけましょう。前述の通り、偏食は絶対禁物です。

次に気をつけたいのは、ゆっくり食べること。よく「肥満性の早食い」というような表現を聞きますが、これは本当のことです。できるだけ一口一口ゆっくりかんで、さらにゆっくり飲み込む習慣をつけましょう。ゆっくり食べることによって、大脳に満腹感の信号を送る時間ができます。そうすることによって空腹感そのものが薄れるのです。さらにかみ続けることによって、血糖値がある一定のところに達すると、満腹中枢という脳の神経が働き、「もう、満腹ですよ。食べるのをおやめなさい」と言ってくれるのです。そうすれば、自然とダイエットにつながります。次に、食事二〇分前に野菜やフルーツを少しだけ食べておくことを心がけてください。そうすることで満腹中枢を興奮させてインシュリンの分泌を抑えることができます。食事のときには自ずと食欲が減退しているはずです。

＊ゆっくりよくかんで食べることにより、唾液からパロチンという物質が出ます。このパロチンが、脂肪燃焼を助けてくれます。

Q　体に負担を与えないダイエットの目安はありますか？

A　「毎日の摂取カロリーが消費するカロリーを上回ってはいけない」

　これこそがダイエットの基本です。今までより少し体を動かして、さらに少し食事の量を減らす。それだけでも体はかなりすっきりするはずです。

　本来、ダイエットは本人のやる気が最も大切なのです。そのためには、あまり無理をしないで、ゆっくりと進めていくのが体のためにも良いし、精神的にも良いのです。お客様のやる気を長続きさせてもらうためにも、私のサロンでは一週間の減量を五〇〇《グラム》～一《キログラム》のペースで行うようにしています。

　さて、ここまでお読みいただいた皆さん、痩身コースに入らなくても、少し気をつければ減量ができそうな気がしませんか？　食べ過ぎない。偏食しない。ゆっくりかんで食事をする。朝、水分やフルーツを多めにとる。油分や糖分は控える。そして、何より焦らない。

どうですか、みんなできそうなことばかりでしょう？

体重1kg、減らすには何Kcal消費すればよいか

例
1日　1,600 Kcal必要な人
摂取カロリー　800 Kcal
不足分　800 Kcal（皮下脂肪から補う）
800÷6.5＝123 g（1日に減る体重）
123 g×30日＝3,690 g（3.6 kg）
1 kg減らすには
約10日

＊皮下脂肪
- 脂肪1 g ＝ 9 Kcal必要
- 糖質1 g ＝ 4 Kcal

9 ＋ 4 ÷ 2 ＝6.5

第3章

多くの女性と“美”を共有できる喜び

～心が紡ぎます。楽しきわが人生

その時その時を精いっぱい
～女優、エステティシャン、保険の外交員

さてここで少し、個人的なお話をさせていただいてもよろしいでしょうか？　私は改めていうのも変ですが、エステ業界一筋で生きてきたのではありません。女優を目指して劇団に入っていたこともあれば、保険の外交員をしたり、あるいは健康食品販売器具の販売に携わったり、やっぱりエステが好きということでエステティシャンに舞い戻ったりしたこともあるのです。現在のサロンを開く直前は病院のヘルパーをしていました。ですから、業界歴何十年といったそれこそ大御所の先生などからすれば、私などまだまだひよっ子の類かもしれません。

しかし、お客様がキレイになることが好きだという気持ちは誰にも負けないと思っています。というのは、もともと私は人を嫌いにならない。相手が私を嫌いでも、関係ないのです。私には物事を良い側面でしか考えないようなところがあり、人のことも必ずといっていいほど受け入れます。そのような性格のせいか、人が喜んでくださることがうれしくてたまらない。人の喜びを目の当たりにすると、そのことがそのまま私の幸せにつながっ

てくるのです。今考えると、そうしたことはもしかしたら私の生い立ちに起因しているのかもしれません。

私は戦後の混乱期、昭和二一年八月一七日、岡山県で生まれました。長女の私を筆頭に、すぐ下に二歳違いの弟、そして私とは五歳違いの妹、さらに七歳違いの妹と全部で四人兄弟です。父親は仕事ではしけという小さな船に乗っていて、留守がちでした。そのせいなのでしょう、私は弟が生まれるとすぐに大阪市の大正区にいる母方の祖母に預けられました。そして私が小学校に入ると同時に、父は台風の被害に遭ってそのまま船を下りることになり、それを機に私たち家族は祖母とともに大阪市港区へ。その住居は台風の被災者のために提供された仮設住宅でした。仮の住まいとはいえ、初めて家族がそろったのですから、私はうれしくてたまりませんでした。

ところが、やっと家族全員が一緒に暮らせたと思ったのもつかの間でした。数年して両親が離婚。父は弟と妹を連れ故郷の岡山に戻っていきました。一方、母は私と末の妹と、そして祖母との四人でそのまま大阪市港区に暮らし始めたのです。その後母が再婚、祖母が他界するなど、私と妹は傍目にも分かるくらいの苦労の連続でした。

その後、弟が岡山から上阪、次いで妹も上阪するなど、いろいろあって私たち兄弟四人で生活を始めました。しかし、上の妹が岡山に帰り、私が結婚して、またしても家族は自ずと散り散りになります。そして私は一年ほど大阪市住吉区に住みましたが、長女が生まれるのを機に大阪八尾市に移り住み、ここで六年ほど暮らしました。さらに今度は長女の小学校入学を機に、堺市に移り住み、今に到るまでずっと（堺市に）住んでいるのです。市内を移り住んだことはありましたが、あくまでも生活の拠点はここ堺市でした。おそらく人情味あふれる人々の気質が、私にとってはこのうえなく居心地がよかったからなのでしょう。

ちなみに幼い頃の私はとにかくわがままな子供でした。というより情緒不安定だったのかもしれません。楽しそうに皆と遊んでいたかと思えば、急に学校を何日もずる休みしたり、それまで家庭環境が複雑だったりということが成長する過程において、大きく影響を及ぼしたのでしょう。当時の自分の心情を思いはかると、「とにかく寂しかった」という一言につきます。生まれて物心がついて以来、家族がそろっていない中で生活することのほうが多かったのですから。

寂しさゆえにぽっかりとあいた心のすき間を埋めたのが、私の場合、人を受け入れるという行為だったのではないかと。それはずいぶん後になって気がついたことですが……。

いつの頃からか、人と一緒にいることが楽しくて仕方ない、相手が自分のすることで喜んでくれることがうれしくてたまらない、というようになりました。自分がそこにいるという事実を人との触れ合いによって、その都度確認をしていたのかもしれません。

中学に行くようになると自然に私も落ち着いてきました。入学すると同時に新しい友人も増え、以前から興味のあった体操部にも入ったのです。しかし、もともと心臓が強くなかったため、そこでドクター・ストップ。多分その頃だったと思います。

「物事を良いように考えていかなければ、やっていられない」と思うようになったのは。

「くよくよ悩んでいても始まらない」

そのせいでしょうか？　前向きというか、楽天的ともいうべきか、辛いことも辛いと思わないという今の性格は、中学時代からほとんど変わっていないのです。おそらく生活環境が落ち着いたことで、人より遅くではありましたが、その時初めて自我が芽生え、同時に個性が現れはじめたのかもしれません。

社会人になって、私は貿易会社の事務員になりました。ところが、当時私は好奇心旺盛な、それこそ青春の真っただ中。なんでもやりたがりの性格が頭をもたげはじめました。

「このままではいけない。自分がやりたいことは今の仕事ではないはずだ」

そうした思いが日に日に大きくなっていき、その思いに促されるかのように代わりに心にわいてきたのは、「キレイになりたい。自分がキレイになることのできる仕事をしたい」という願いだったのです。

そして化粧品会社に入社。そこでエステとの運命的な出合いをしたのです。もちろん、当時は目の前のことで手いっぱいですから、その出合いが後の人生の大切な道筋になるとは思ってもみませんでしたが。全国に支社を構えるその会社では、まず支社単位で三日間の研修が行われました。さらに本社で全社研修が一週間。当時はまだ沖縄が返還されていなかったので、本社には北海道から九州の種子島までの若い子が集まっていて、見聞きするものすべてが初めてのことばかりでした。その一週間は私にとって非常に刺激的だったことを今でもはっきりと覚えています。そして、その時に皮膚の構造やマッサージの仕方やメイクの仕方を教わりました。そして全一〇日ほどの研修を終え、いきなり現場に出されたのです。私の配属先はそのメーカーが化粧品器具を卸しているエステティック・サロンでした。クレンジング、マッサージ、さらにメイクと、私はそこで、今の生活の原形ともいうべき三年間を過ごしました。

実はほぼ同じ頃、私は役者の研究所にも通っていました。子供の頃からお芝居や踊りが好きで好きでたまらなかったのです。周囲の人の話では、二歳くらいから日本舞踊らしき踊りを鼻歌混じりに踊っていたそうですが、持って生まれた性分なのでしょう。成人して壮年と呼ばれる年齢になっても、河内音頭がかかると仕事中でも気持ちここにあらずという感じで、矢も楯もたまらずとんでいきたくなるほどです。社会人になり、時間とお金に融通のつく状況の中で私が芸の道を志したのは、考えてみればごく自然の成り行きだったのかもしれません。研究所時代の一番の思い出は卒業公演でのこと。『湖の娘』という演劇で、私は旅館の賄いのおばあさん役をもらいました。役が決まってから、お年寄りの歩き方や仕草を細かく観察しました。その甲斐あってか、「老け役がうまいね」と卒業公演の本番で、そうみんなに誉めてもらったのです。私は有頂天になり、女優への夢は膨らむ一方でした。そして研究所を卒業した二一歳の時、大阪市天王寺区にある劇団アカデミーに入りました。そこは子役で有名な劇団で、私はその時すでに成人したいわば年長組ですから、劇団からすれば主要なメンバーではありません。しかし、日舞やバレエ、お芝居の発声練習など好きなことばかりを心いくまでやることができたのですから、当人は楽しくて仕方がなかったのです。ただし、一つだけネックがありました。私は音痴だったのです。舞台でミュージカルの練習をするといつもみんなから笑われましたが、そのことさえ当時は楽しかったのです。今思えば光輝くような時間を過ごしていたからだと思います。

ところが女優への夢はあっけなく断ち切れになってしまいます。当時お友達に頼まれてスナックのお手伝いをしていたのですが、あまりの忙しさに、いつしかそれが本業になってしまい、やむなく、というより自然に女優の夢は消滅してしまったのです。その後結婚をして二女をもうけましたが、三七歳で離婚。その後は前述の通り、保険の外交員や健康食品や機器の販売員、さらにチラシ配布員などいろいろな仕事を経験しました。もちろん生活のためもありますが、もともとが何かをしていないと、あるいは人の輪の中に入っていないと落ち着かないのです。

例えば仕事をしながら子供会の役員をして、しかも自治会の役員も請け負ったりする、というようなこともありました。傍から見ると私の毎日は非常にバタバタしたものだったかもしれません。私自身はその時その時に、エネルギーを精いっぱい注いでいました。その頃の思い出といえば、ただ一生懸命やったという事実と充実感だけが私の中に残っているのです。良くも悪くも、その時々の細かいことはほとんど覚えていないというのが本当のところでしょうか？

ただし、いろいろな仕事を通じて培われたものが、結果として私の大きな財産になっているということは言うまでもありません。私がかかわった仕事はお客様のほとんどが女性です。毎日女性と接し、言葉を交わしていました。そうした中で、「どんな時に不快感を感じるのか、あるいはどんなことで満足感を感じるのか」といった女性の深層心理を知らず知らずのうちに見抜く方法を身につけることができたのです。それが今の生活にどれだけの恵みをもたらしているかは想像するに余りあることです。

人との触れ合いの中で、ただがむしゃらに前を向いてひた走る、ともすれば慌ただしく思えるような私の人生に訪れた大きな転機がありました。それが乳がんの摘出手術だったのです。

乳がん手術から授かったもの
～好きなことをできる幸せ

平成四年のことでした。流し台を洗っていると、順手の時はなんでもないのですが、逆手で洗うと右腕が引きつるので、おかしいなと自分でも思っていました。お風呂で体を洗っていたら、胸のところにしこりがあることに気がつきました。

「しこりがあるんだけど」

当時私は保険の外交員をしていたのですが、会社で同僚にそう告げると、「パチンコのし過ぎでしょう」と一笑に付されてしまったのです。その会社ではパチンコ好きな外交員が多かったので同僚にしてみればごく自然な気持ちだったのでしょう。しかし、「パチンコ好きのみんながなるのなら分かるけど、なぜあまりパチンコをしない私がなるの？」

私は本能的に心穏やかならぬものを感じていました。ちょうどゴールデンウィークが始まったところで病院は休みでしたので、連休が明けるとすぐに（病院へ）行きました。血液検査をして結果を聞くと、「もう一回検査してみよう」との主治医の言葉です。また結果を聞きに行くと今度は「造影検査をしてみよう」と。そして結局、「すぐに手術をしたほうがいいですね。ただ、今はベッドがあいていないので家で待機してください」とのことでした。

すぐに下の妹に連絡をとりました。すると妹は、

「あんた、そんな大変なことをアッケラカンと言わんといて」。

私は事態の大きさにも他人事のように思っていたのです。

翌日、病院から電話があり「ベッドがあいたので、すぐに入院してください」とのことでしたが、私はかねてから友人と大阪の新歌舞伎座に行く約束をしていましたので、「先

生、新歌舞伎座に行ってからやったらあかん?」

今思えばなんと能天気な質問だったのでしょう? たちどころに「何、言ってるんだ!そんなことを言っている場合じゃないんだよ。今すぐ入院が必要なんだから」と、きつくお叱りを受けてしまったのです。万事休す。それからはすべてのことがまるでビデオの早回しのように過ぎていきました。即、入院。そしてすぐに摘出手術。

「がん細胞をとったから、もう転移しないですよね」

「誰ががんだと言った」

麻酔が切れて目を覚ました私と主治医の間で、そのようなチグハグな会話がなされました。がんと言われなくても、乳房をとれば(がんということは)誰でも分かるでしょう?本人の私のショックより主治医の慌てぶりのほうが、私を襲った事態の切実さを如実に物語っていました。担当医に限らず、周りの人はかなりピリピリしていたようにも思います。四〇歳半ばにして胸をとらなければいけないということを、私を除くすべての人が深刻に受け止めていたようでした。

一方、私自身は何か他人事のような気がしていました。正直、何がなんだか分からないうちに手術をされて、胸が無くなっていた。実際、手術の後も胸をとったという実感はまるでなかったのです。

「ああ、本当に乳房をとったんだ」

そう思ったのは、退院を間近に入浴の許可が出て、病院のお風呂に入った時です。鏡に映った自分の姿を見て遅まきながら実感がわいたのでした。

「先のことをきちんと考えなくてはいけないな」

思わずつぶやいている自分がそこにはいました。同じように乳がんの手術をした人でも、ふさぎ込んで外に出たがらない人もいれば、術後リンパがパンパンにはって手が上がらなくなったとか、中にはお気の毒にも亡くなられた方もいらっしゃるようです。

私の場合、手術がうまくいったのと、リハビリのおかげで比較的早く日常生活ができるまでに回復しました。もちろん、免疫力が落ちているので「風邪をひいてはいけない。重いものを持ってはいけない」とは言われています。しかし前述の通り、痩身のもみ出しといった、おそらく一般の女性よりも力を使う作業もできるほどになっているのです。

このように一種のハンデを背負って生きていくうえで、私の性格や思考回路が非常に幸いしたことは否めません。例えば私は温泉に行っても堂々と胸を出しています。

「二つあるものが一つないといっても、まだ一つ残っているのだから、そんなに深刻になることはない」

と思うからです。それよりもせっかく命を助けていただいたのですから、楽しく生きていかなければ。それこそ何のための手術だったのか分からなくなってしまいます。

「これからは好きなことを思いっきりやろう。好きなことをしながらプラス思考で生きていけば充実した毎日を送ることができる」

そんな考えてみればとても当たり前のことにも気づくことができました。

独立への思い
～やりたい気持ちが道になる

「何か人のお役に立てる仕事をしたい」

リハビリを続け、一般生活ができるまでに回復すると、私はそのような思いに駆られていきました。おそらくそれは乳がんの手術を通じて、いろいろな方に支えていただいたことを実感として味わったためだと思います。そうして私は病院のヘルパーという職業を選び、堺市にある総合病院に勤め始めました。そこは一般病院ですが、私がお世話をさせてもらったのは、ほとんどがご老人。寝たきりや痴呆症の方もたくさんいらっしゃいました。

お世話の内容は食事や入浴の介助と、排せつ物の始末などでした。もともと目の前の状況を楽しむタイプなので、お年寄りとの思いもよらない心の交流だとか、仲間との一体感など、私にとっては楽しい日が続きました。ただし体力だけはきつかった。実際、免疫力が落ちているのですから、どうしても体力の限界を感じずにはいられませんでした。もちろん、ヘルパーの仕事は嫌いではありません。ただし体力的に無理を重ねていれば、自ずと心身のバランスが崩れてしまうことは簡単に予測がつきました。さすがに、「本当に今のままでいいの。自分がやりたいことは何なの」という気持ちが頭をもたげてきました。

そのうちついに、「何だ自分が本当にやりたかったのはエステティシャンだったんだ！」。そう気がついたのでした。大げさに聞こえるかもしれませんが、回り道をした結果、その時やっと人生の道標を探し当てたような感じがしました。しかし好きなこととはいえ、自分の中でどうしてもエステティシャンに対して納得のいかない点がありました。それは「まず人を呼ぶ。次に金額ははっきり言わない。そして質問にはあいまいに答える。さらに来店を促して、ローン用紙を差し出す」ということが、大手サロンのエステティシャンにとってはごく日常的なことだったからです。もちろんすべてがそうではありません。ただし私が勤められる範囲で考えると、そういうサロンがほとんどだったのです。

「エステはやりたいけれど、今あるサロンでは駄目だ。お客様にキレイになって喜んでいただく。そんな私の夢をかなえるにはどうしたらいいのだろう」

そう思いあぐねるうち、

「そうか、自分でやればいいんだ！」。

目標が完全に絞り込まれました。その後は、もう思い立ったら吉日です。考えているだけでは、それこそ絵に描いたもちです。実行しないと前には進めないのです。

そこでまず考えなければならなかったのが資金でしたが、これは「利息をつけて返します」。そう言って母親から借りることができました。母親は「返さなくてもいいよ」という言葉とともにお金を私に渡してくれました。しかしそのお金は、母親が時にはビルの清掃などをしながら地道に働いて額に汗して貯めた貴重なお金です。それに返さなくていいとなれば当然パワーも出ません。

「借りは借り。親のお金でも借りたものは返す」。

そう思うことで、ひたすら「前に前に」という気持ちがさらに強くなったのです。

資金の目途がつけば、次はお店探しです。特に細かい条件はありませんでしたが、できれば私の生活拠点である堺市内で、交通の便のいいところ、さらに権利金の安いところ、という三点だけはなんとか満たしたかった。そして不動産屋さんから候補地として紹介していただいたのが、今の場所です。まず南海高野線百舌鳥八幡《もずはちまん》駅からは徒歩で四分。少し足をのばせばJRの三国ヶ丘、地下鉄の中百舌鳥駅もあります。とにかく、ここならお客様が来やすい。また、ビルの外壁が赤いので非常に目立ちます。初めていらっしゃるお客様にも分かりやすいのです。電車の中からも（ビルが）見えますし、車でいらっしゃったお客様が、たとえ一度通り過ぎても、すぐこのビルを目指して戻って来ることができます。このような理由で、ほとんど即決でした。

「来やすいし、分かりやすい。お店をやるのには好条件だ」

そこで大家さんに権利金を極力安くしてもらえるよう不動産屋さんに交渉しました。初期投資が多くなると、どうしてもお客様のご利用価格に跳ね返ってしまいます。それは避けたかったのです。

場所は確保しました。さあ次は人です。エステティシャンでなくても構いません。とにかく一緒にスタートしてくれる人が必要でした。何人かに声をかけているうちに、昔の友人が「そういうことなら」と快諾してくれたので、最初は彼女と私の二人で始めました。

ただしその友人はエステティシャンの経験も、ましてや事業の経験もありませんでしたので、彼女には開店までに覚えてもらうことが山ほどありました。私自身も初めてのお店だったので、事業のノウハウを学びながら、そして一方では彼女に基本的な仕事の流れを教えるという日が、実は開業してからも続いたのです。

さて、人の手はずは整いました。しかしそれ以外にも、しなければならないことはたくさんあります。ほとんどすべてが同時進行ともいえる状況でしたから、私の毎日は相変わらずバタバタです。その中で最も大変だったのが仕入先の化粧品メーカーの選定でした。エステは結果を出すためのもので、そのために化粧品は重要な位置づけを持っています。大手サロンであれば、自社開発の化粧品や既存の取引先が決定しているでしょう。ところがそうした大手サロンの化粧品を使おうと思えば、私にとっては高額な契約金が必要になってしまいます。しかもその場合には大抵、化粧品の使用だけでなく、トリートメントの方法や、ひいては経営方針なども従わなくてはなりません。それでは、自分でやる意味がなくなってしまいます。そこで、化粧品の基礎知識を叩き込まれた二〇歳の頃の記憶をたどりながら、よりお肌にいいことは何だろう、と寝る間を惜しんでひたすら勉強をしました。そのうちに、実績もあり、一般にも評価されている化粧品メーカーが絞られてきました。最終的には六社分の成分表を取り寄せ、自分で全部使用感を試したのです。

その中で、最も信用できる化粧品メーカーが見つかりました。まずお肌にいい成分しか使わない。しかも価格はお手頃。そのメーカーの場合、洗顔剤だけをとっても三七種類の有効成分が入っていたのです。他社の商品だと多くても一〇種類くらいでしょうか？　ただし販売形態はネットワーク販売です。ネットワークビジネスにはノルマがある場合も多く、中には悪質な企業もあります。そのメーカーはノルマも一切なく、化粧品成分もすべて公表していました。さらに、アメリカの企業ですが、世界的に信頼のおける調査機関によって、世界で一〇本の指に入る優良企業として評価を得た企業だったのです。私は八〇〇〇円を支払うだけで、その企業のディストリビューターになることができました。それくらいの負担なら私にも痛くはない。しかも、もともとお手頃の価格設定なのに、三割ほど安く入手できるので、サロンでの使用量がかさんでも気軽に補充できるのです。また商品ストックの義務もありません。私はネットワークビジネスをしたい訳ではありませんから、ストックの必要はまるでないのです。商品をストックしないということは、お客様に品質の変わった古い化粧品を使ってしまうというような危険もないということ。それらを総合的に考えて、私はこのメーカーの化粧品をサロンコスメの主力と選定しました。

そしてもう一つ、開業後これは国内の訪問販売メーカーですが（今はエステティック・サロンの展開も積極的に行っています)、信頼のおける商品を扱っていたので取引をすることに決めました。いずれも鉱物油や香料、そしてアルコールを一切使用していません。このメーカーの場合、そうした商品の特性以外にも〝ギャランティシステム〟という保証制度を採用している点に強くひかれたのです。このシステムは、クレンジングと洗顔剤、そして化粧水の〝スキンケアベーシック三点セット〟を購入した場合、「もしも、お肌に合わなかったら、全額お返しします」という内容のものです。化粧品がお肌に合うかどうかは、実際使ってみなければ分かりません。たとえお肌に合わなくても通常、それが消費者側のリスクになるのが当たり前でした。しかし、このシステムの場合、メーカー側が責任を持ってくれるので、安心してお客様が化粧品を購入してお肌に合うかどうかを試すことができます。このギャランティシステムは消費者にとって相当のメリットといえるのです。

しかも私が選定したこの二社はいずれも販売網が全国展開になっています。大阪でなくても商品を買うことができるのです。これなら例えば私のサロンのお客様が結婚して引っ越したときなどでも転居先で商品が購入できるでしょう?　最寄りの販売店で、それこそ市販化粧品と同じ感覚で購入していただけます。せっかくお肌に合う商品に巡り合ったのに、私のサロンに来なければ買えないというのでは意味がありません。

ただし選定の基準はそれだけではありませんでした。とりわけ私が心を動かされたのは、「お肌や体にいいものだけを提供して一人でも多くのユーザーをキレイにしたい」という両社の企業理念が私の思っていることとぴったり合ったということでした。前者のディストリビューターには私のサロンのお客様が個人的になることも可能です。ということは、お客様も定価の三割引きで商品を購入することができます。後者のギャランティシステムも使う立場の気持ちになって考えられているシステムです。こうしたお客様に満足していただくことを最優先に考える企業姿勢こそ、私の考えているサロンのあり方です。いくらいい化粧品を作っていても、ただ儲かればいい、という経営哲学ならば、パートナーにはなり得ません。私は仕入れ先をただ商品を入手するためだけの相手とは考えていないのです。企業である以上、お互いがお互いに刺激し合いながら成長していく関係でなければならないはずです。たとえ、その一方が私のサロンのように非常に小規模なものであったとしても、その理論に変わりはありません。そのため、志が同じであるということが何よりも大切なのです。

そのようにして、信頼のおける仕入先も決まりました。後は開業に向けて前進あるのみです。それでも私は相変わらず慌ただしい日々から解放されませんでしたが、その頃から私の中で何かが変わり始めていました。ある種の余裕らしきものが出てきたのかもしれません。資金も店も、そして人も化粧品も、さほど苦労することなく、自分の思いに近いものを入手することができたのです。個人サロンというのは経営者の哲学がダイレクトにその経営に反映されてしまいます。そのような中で私と同じ価値観の企業が見つかったということは、少なくとも、「自分の目指すものは間違いではない」という裏付けとなるのに十分だったのです。

〝女性が美を楽しめる場所〟の手応え
～伴走者がいる実感

化粧品を探しているうちに、幸い自然と美容機器などの仕入れルートが確定し、準備万端、いよいよ開業にこぎつけました。そうはいっても、果たしてお客様が来てくださるかどうか、あるいは通い続けてくださるのか、本当に不安でした。そこで、開業当初はお店が終わってから、ほとんど毎晩のようにポスティングをしました。雨の降る日も、木枯らしが肌に冷たい日も、とにかく一人でも多くのお客様に来店していただかなくては開業の意味すら危ぶまれてしまうのです。前述のように定休日には美容講習も実施しました。無我夢中とは、まさしくこの当時のようなことをいうのだと思います。

ちなみにサロンは開業一年間無休でした。現在は月二回が定休日です。しかし数少ないその休日も現在は入院中の母を見舞うため、事実上ほとんど休み無しに近い状態なのです。ところが毎日好きなことをしているので、それすら苦にならない、辛くはないのです。そうやって私がひたすら走り続けることができたのは、たくさんの人たちに支えていただいたという事実が山のようにあったからです。時には友人たちが、あるいは弟や妹たちが、そしてある時は私の娘たちが、陰になり日なたになりながら私を支えてくれたのでした。

実は開業のバタバタがなんとか一段落した頃、二カ月ほどでしたか、私一人だけでお店を切り盛りしている時期がありました。オープン当初一緒に始めてくれた友人が自分のやりたいこと（自動車関係の仕事）をどうしてもしたいということで辞めてしまったからです。

「お客様には迷惑をかけられない」

そう思うことで、私は自分の周りに緊張の糸を張り巡らしていました。がむしゃらとしかいいようのない毎日の繰り返しでした。

そしてある日、どこからか噂を聞きつけ、すぐさま電話番に来てくれたのが、ヘルパー時代の友人でもある看護婦さんでした。次第にほかの友人や私の妹なども「電話番だけでも」と、時間を作っては手伝いに来てくれるようになったのです。後で聞いた話によると、もともと私が弱音を吐くタイプではないため、状況を正確には把握できなかったものの、皆一様に危機感を覚え、その窮状をおもんぱかって駆けつけてくれたのが本当のところだったとか。いずれにせよ本当に助かりました。いくら気力が充実していても、一人でできることには限界があると、その時嫌というほど思い知らされました。

しかし、看護婦の友人はその時だけでなく、サロンの運営方針に大きなかかわりを持つ形で私を支えてくれもしたのです。彼女は予防医学の観点から実にさまざまなアドバイスをしてくれました。予防医学というのは一言でいうと病気にならないようにするにはどうしたらいいかと考える医学のことです。例えば病気を予防する大前提として活性酸素を発生させないようにするということがあります。そのためには何をすればいいのか、何を食べればいいのか、またどんなサプリメントをとればいいのか、あるいは便秘にならないようにするにはどうしたらいいのか、便秘薬に頼らなくてもいいように何を食べればいいのか、といったことについて事細かに指導してくれたのです。

日本人の場合、予防というより治療という感覚がまだ一般的です。ところがアメリカの場合には保険がありませんから日本より予防医学の考え方が進んでいるのです。そうしたアメリカでの参考例などを含め、専門的な知識を彼女は無報酬で今なお提供してくれています。

本来、看護婦さんなので自分の生活だけでもとても忙しい。しかし寸暇を惜しまず私のサロンに情熱を注いでくれています。彼女のアドバイスによって私のサロンは、外からのケアだけでなく、内面から美しくなることをプロがサポートする、という姿勢を形にしてお客様にご提供することができたのです。そのことが私のサロンにとってどれほど大きな意味を持つかは言うまでもありません。

そしてもう一人、経営の根幹にかかわるところで私をしっかり支えてくださった方がいらっしゃいます。それは現在の形態のヒントをくださった、取引先でもある美容機器・化粧品販売会社㈲セイザの山中社長と顧問の野口先生です。

私のサロンは当初、ほかのサロンより多少安めの価格設定でスタートしました。美顔ケア一時間三〇〇〇円。お客様の反応はまずまずでした。はじめは私の友人・知人が様子をうかがいがてら、トリートメントを受けに来てくれました。そして、次に来店する時にはまた知人を連れてきてくれるというような感じでした。そして自然とお客様の数は増えていったのです。また、ポスティングをしたせいか、ご近所の商店街からもお客様は来てくださいました。皆さん、個人店主か、もしくはその奥様ですから、忙しいお店の合間をぬうようにして来店してくださったのです。そのうちリピーターになるお客様も徐々に増えていきました。

ところが開業から一年くらいたった頃でしたか、私は一つの壁にぶち当たっていました。大手サロンとは違うものを目指したにもかかわらず、多少の割安感とアドバイスを提供しているという事実はあったものの、ほかのサロンとの決定的な違いをお客様にアピールすることができていなかった。実際にいらっしゃったお客様は私のサロンを気に入ってくださいますが、まるで何も知らないお客様が飛び込みで来ていただけるような、何か特別な魅力を打ち出すことができていなかったのです。

お客様が順調に増えたとはいえ、大半のお客様は働く女性。夜と土はひっきりなしに予約が入りますが、お給料日前などの平日の昼間には予約表が埋まらないということもあったのです。

「お客様を増やす方法はないか？　しかも仕事を持たない主婦の方がいらっしゃってくださる方法はないか？」

そんな思いが日々、私の頭をかすめていました。そうしたある日のことです。

「女性ならお肌に悩みのある人はいっぱいいるはずだ。もっと手軽に誰もが利用できるサロンがあるべきじゃないか。今はそういうエステが不思議とどこにもない」

その社長さんがそうアドバイスをしてくださったのです。

「そうだ、悩んでいる人はいっぱいいる」

それ自体は私も認識していることでした。そうはいっても正直、具体的なイメージがわきません。

「誰もが来やすいサロンとはどういうものなのか？　三〇〇〇円より一割、二割安くしたところで、利用者にとってさほどのメリットはないだろう。下手をすると来客増にはつながらず赤字にもなりかねない」

頭の中を渦巻くのは疑問と不安ばかりでした。その時、その社長、山中さんの口から思いがけない言葉が発せられました。

「薄利多売にすればいい」

「えっ、薄利多売のサロン？」

あまりにもその発想がとっぴなので私はただただ驚くばかりです。ところが、それが具体的なサロンのイメージになっていくのに不思議と時間はかかりませんでした。身近なスーパーや小売店などの成功例を参考にして考えていくと、「薄利多売＝安かろう、良かろう」ということに容易にたどり着くことができました。

社長さんと野口先生の案
～「価格も一五〇〇円位でいいじゃない」

「そうか、私だってまだまだキレイになりたい。だったら私と同じ年代のごく普通の主婦でもサンダル履きで来ることのできるサロンにすればいいんだ」

さらに、「続けていただくことが大前提だ。続けていただければ誰からもキレイになったわと喜んでいただける。そのためには、とにかく今の値段よりもずっと安くしよう」

そして、今の形態が生まれたのです。価格設定は並外れた一五〇〇円。

「こんなに安いサロンは、ほかにはないですよ」

初めてタウンページに広告を載せた時の営業マンが発したその言葉は、私の読みを確信に変えました。薄利多売であればお客様の数を増やさなければなりません。まずエステティシャンを増やしました。そして、お金のかからないキャンペーンを可能な限り展開し、ポスティングも地域を拡大しました。そうこうしているうちに気がつくとお客様の数が千人を超していたのです。

「タウンページを見たんですけど、おたく安いので」

そういうお客様も実に多かったのです。もしもスタート当初と同じだったら、タウンページでの反響が望めたかどうか、しかもここまでお客様が増えたかは、疑問の残るところです。いずれにせよ、〝安かろう、良かろう〟のサロンはお客様に受け入れていただけました。しかも安いので続けていただけます。続けていただけるのでお客様によりキレイになっていただくことができるのです。私が理想とする「女性全員が美を楽しむことのできる場所」に少しずつですが、確かに近づくことができました。ただ忘れてはならないのは、今のサロンの形態は自分一人ではとても考えられなかったということです。

「問題や苦悩にぶち当たったとき、親身になって考えてくださる方が側にいる」

そのことがどれほど心強く、また力を与えてくれるものかを私は実感せずにはいられません。

column of beauty 10

「ホリスティックケア・デザイナーさん、教えて！予防医学に関するイロイロ」

※ここではホリスティックケア・デザイナーに、予防医学の観点からみた体のための基礎情報を教えていただきます。

回答

ホリスティックケア・デザイナー（予防医学研究所）

（ホリスティックケア・デザイン研究所所属／認定番号　〇〇〇一六五号）

Q　そもそも予防医学って何ですか？

A　病気になったら治療する、という時代はもう終わりです。〝ポリオ〟という病気は生ワクチンが出来て根絶され、治療の必要がなくなりました。必要なのは「なぜそうなったのか？　どうしたら予防できるのか？」ということなのです。現在では「どうしたらがんにならずに済むのか？」というのが皆さんの一番望むことですが、その研究が続けられております。そしてそれも少しずつ解き明かされてきつつあるのです。予防と治療は対比して考えるのではなく、予防が徹底されていれば治療の必要はない。そういった考え方をする分野の学問です。

Q 活性酸素がお肌に悪いことは分かりました。では、活性酸素がなぜ体を不調にするのか、分かりやすく教えてください。

A リンゴを切ると表面が茶色くなる。これが活性酸素の仕業だということは皆さんにご理解いただけたかと思います。このリンゴと同じことが体内で起こるとどうなるのでしょうか？　活性酸素はがんや老化の原因になります。例えば、タバコの煙に含まれる活性酸素が肺細胞のＤＮＡを切断してしまいます。切断されたＤＮＡは速やかに修復されますが、長時間タバコを吸うと切断と修復が繰り返されます。ところがそのうち修復されないものが出てきて細胞に障害が起こる。その障害が蓄積されてがん化するのではないかとみられているのです。特に三〇歳を過ぎた頃から、この修復する働きは目に見えて弱まり、がんをはじめほかの病気が発生しやすい状況になってきます。それによってさらに老化も促進されてしまうのです。

Q　予防医学の観点からお肌のトラブルを防ぐにはどうしたらいいですか？

A　①外からの予防法

●化粧品に対する注意／スキンケアの注意などは第一章・第二章を参照のこと

②体の中からの予防法

●六大栄養素（たんぱく質、脂質、糖質、ビタミン、ミネラル、食物繊維）をバランスよくとってください

●特に緑黄色野菜、海草類、ビタミン、ポリフェノールを多く含んだ飲食物をとるようにしましょう

●飲酒、喫煙を控えること

●ただし喫煙は控えるより禁煙したほうがよいことを覚えておきましょう

●インスタント食品やファーストフードは、食品添加物などによって体内の活性酸素を増やすため、なるべく控えるように

●体内に老廃物をためないよう便秘に注意しましょう

●毎日便が出ても、まだ老廃物が残っている可能性はあるので、白湯を飲んだり、腸を休ませる時間を作ったりするように心がけましょう

③心の予防法

●ストレスをためないことです
●運動や趣味を持ち、ゆったりとした気分を保つようにしましょう
●睡眠をしっかりとることが大切です
●睡眠時間が少なくても熟睡できるように習慣づけましょう
●取り越し苦労はしないように
●先のことをうじうじ考えないで、気持ちをおおらかに持つように自分でコントロールしましょう

世代別女性へのワンポイント・アドバイス

Q　娘がそろそろ思春期に入ります。何か気をつけることはありますか？

A　●まずこまめに洗顔をすること
●ファンデーションは使用しないでください
●成長過程ですから特にファーストフードやインスタント食品は控えてください
●新陳代謝が激しい時です。甘いものやお菓子などは控えるように

Q　二〇代後半で周りからは働き盛りと持ち上げられ、毎日仕事に追われて大変です。何かよいアドバイスはないでしょうか?

A　●まず、自分の好きなことに熱中する時間をできるだけ作るようにしてください

●エステティック・サロンやマッサージ、あるいはゆっくりお風呂に入るなどして気分をリラックスさせるとよいでしょう

●森林浴を心がけましょう

●イライラを落ち着かせるためにはカルシウムを多くとることが大切です。くれぐれも暴飲暴食に走らないように注意してください

Q　三〇代前半の主婦です。初めての出産を控えてちょっと心配なのですが?

A　●育児が楽しくなるように創意工夫することを心がけましょう

●気持ちを明るく持って育児ノイローゼにならないように。要は気持ちの持ちようです

●マイペースでじっくり育児に取り組みましょう。時にはご主人に協力要請を

●分からないことがあったら、ご両親や友人などに、あるいは最寄りの行政窓口など

に相談するようにしましょう

Q 更年期障害なのでしょうか？　毎日がだるくて仕方ないのですが……。

A ●まず、運動をして体を動かすようにしましょう

●過食には注意してください

●森林浴などで体のマイナスイオンを多くするようにしてください。森林浴ができない人には、イオン活性機など、自宅で森林浴と同じ効果を得られるものもあります

●散歩をしたり、趣味を広げたり、また誰かとおしゃべりして気分転換をしましょう

●あまりに体調がすぐれないときは、最寄りの婦人科の病院に行くことをおすすめします

支え、支えられる「人」
～心が響き合うコミュニケーションサロン

エステティック・サロンは美という共通の目的を通じて、集まる人がより楽しい人生を過ごすための場所だと私は思っています。そうした中でお互いがお互いをいたわり合い、支え合うことはとても大切なことです。例えば私のサロンには、相続問題で悩む方や、あるいは親の介護で困っている方もいらっしゃいます。また、独身女性で生命保険をはじめとする金融商品について、信用できる相談相手がいないなど、それこそお客様の数だけ悩みは存在しているのです。潜在的にそのような悩みを抱えていれば、いくら美顔ケアを受けても、本当のキレイには程遠くなります。さらには悩みが深刻なあまり、サロンにいらっしゃる余裕さえなくなってしまったりしては、同じ女性として非常に残念です。ましても核家族化や少子化などが進んでいる現在では、女性が集まって、おのおのの悩みを包み隠さず話し合い、さらに情報交換ができる場所が非常に少なくなっているのです。

本来エステというのは自分の心身を解放するための場所であり、本音で悩みをぶちまけるというようなことができて当然です。幸い私のサロンには、下は小学生から上は前述の八六歳のお客様までいらっしゃいます。さまざまな年代の女性の、さまざまな生活情報が自ずと集まってくるのです。それらの情報をまずそしゃくする。そして吟味する。そうした中でお客様に有益な情報だけを時にご提供することができています。

また、そのほかにも、お客様からスキンケア以外の悩みを相談された時に、いろいろな問題解決法をご紹介させていただいています。例えば法律の専門的なことを相談したければこの先生に、あるいは親の介護を自宅でするのならこのようなバックアップ組織がある、というように、私が今まで経験してきたことの中で、たまたまお客様が知らないことを私が知っていればその情報をお伝えする、ということをさせていただいているのです。もちろん紹介料はいただきません。

少なくとも、私のサロンに集まるお客様が誰にも相談できない悩み事を抱えて毎日を過ごしていらっしゃるというようなことだけは絶対に避けたいのです。

私がさまざまな専門家やお店をご紹介することで、お客様にとっても、また紹介先にとっても少なからずよい結果を生むことにもつながり、そして人の輪が広がりコミュニケーションの拠点になる。町のサロンにはそのような役割があってもいいのではないでしょうか？　美を追求するとともに女性の生活そのものを支える、いわば地域に根差したサロン。

それがサロンの本来の姿だと私は思うのですが……。ただし、そうした展開ができる背景には、私のサロンが私自身の生活拠点の堺市にあるからかもしれません。今後もいかに地域の方と連携を図り、有意義な解決方法をご提供し続けるか。それは私のサロンの課題であり続けると思います。

ところで私がご紹介する先は、すべて私が直接知っているところばかりです。化粧品の場合と同じで、私は自分が良いと実感したものでなければご紹介をしません。しかも、ご紹介先には必ず事前に私のほうから、お口添えの電話をさせていただいています。いくらご紹介をしても、ご本人だけだと直接連絡をおとりになることすら気が引けるものだと思いますから。そうやってご紹介することによって、お客様からもご紹介先からも喜んでいただける。そして私自身の心も満たされていくのです。

ちなみに私のサロンでは、保養所や旅館などとも契約しています。お客様に少しでも安く楽しんでいただくため、お客様にも特別料金でこれらの施設をご利用いただけるようになっています。サロン経営において、私はたくさんの方から心に元気を頂いていますが、それを一人でも多くのお客様に分けて差し上げたいのです。

column of beauty 11

「先生、教えて！　どこかいいところ知らない？」

※ここでご紹介するのは「ジョイ オブ ビューティ やまなか」が自信を持っておすすめする企業やお店の数々です。関西地区での選りすぐり。困ったときのご参考に！

■「英会話を習うなら」
◇イングリッシュワークショップ
◇大阪市港区三先2-14-1
◇電話：06-6571-6375
◇地下鉄中央線朝潮駅徒歩２分
◇クラスは初級と中級に分かれています。午前と午後は奥様主体、夜は中高生や大学生、また社会人の方が英語を学んでいらっしゃいます。いつも笑いが絶えず、楽しく英会話を習うことができます。お茶やコーヒーも出してくれます。

■「ペットに関することなら」
◇ペットショップ　ワンカット
◇堺市北花田町3-29-7
◇電話：072-254-5258
◇地下鉄御堂筋線北花田駅徒歩５分
◇ペットの美容がメイン。「お客様に満足していただけるよう、納得のいく仕事を心がける」ということをモットーにしているお店です。ペットホテルもあります。場所によってはペットの送迎可。オーナーの腕は上級です。

■「おいしいパンなら」
◇手作りパンと珈琲のお店　窯火堂（ようかどう）
◇堺市向陵東町2-7-13パークサイド八幡
◇電話：072-255-8601
◇南海高野線百舌鳥八幡駅徒歩１分
◇天然酵母と無添加で体に優しいパンを焼いています。お店では焼きたてのパンと飲み物が頼めます。ちょっと小腹のすいたときにいかがですか？　モーニングサービスもあり。近距離なら前日までに予約をすると配達もしてくれます。

■「家庭料理を味わうなら」
◇あさひ酒房
◇大阪市港区夕凪2-12-15
◇電話：06-6574-7941
◇地下鉄中央線朝潮駅７番出口すぐ

◇昼は一膳飯、夜は酒房のお店。こじんまりしたお店ですが、安くておいしい家庭料理が味わえます。家庭料理をおつまみにちょいと一杯なんていいですね。

■「ライフプランで困ったときは」

◇中田美千代
◇明治生命相互会社水島中央支部
◇電話：070-5671-2020
◇生命保険に関する各種相談、ライフプランなど親身に相談に乗ってくれます。損害保険の相談も可。

■「おいしいたこ焼を味わうなら」

◇とく新
◇岸和田市下池田町2-11-25
◇電話：0724-44-0588
◇JR阪和線久和田駅徒歩5分
◇食べて納得、納得のとく新というくらいおいしいお店です。1度食べたら病みつきになること間違いなし。お持ち帰りはもちろん、店内での飲食もできます。ママ（？）さんはとってもユーモアがあって楽しいお店です。ただいま代理店募集中。詳しくは「とく新」まで。

■「介護でお困りの方」

◇いわき会ケアサービス
◇堺市陵南町1-77-1 北条病院内
◇電話：072-277-1700
◇FAX：072-270-3426
◇JR阪和線上野芝駅徒歩7分
◇福祉住環境コーディネーターの資格を持ったケアマネージャーが住宅改善のお手伝いをしてくれます。福祉用具のレンタル／購入・デイサービス・ショートステイ・訪問リハビリ・訪問看護・介護保険の申請／更新・ケアプランの作成・薬剤管理指導・介護保険に関する各種ご相談など、親切丁寧に応じてくれます。

■「登記および身の回りの法律相談」

◇角尾・榎本司法書士合同事務所
◇堺市三国ヶ丘御幸通1-3（角屋ビル4F・1F伊東薬局）
◇電話：072-232-3996
◇ＦＡＸ：072-223-0696
◇南海高野線堺東駅徒歩3分
◇司法書士：榎本 大／司法書士：永田信彦
◇どんなささいなことでも相談できる事務所です。困ったときは気軽にお電話を。一人で悩まず、相談することによって解決の糸口がみえてくるかもしれません。

■「呉服に関することなら」

◇株式会社淡路屋

◇本店：京都市下京区高倉西入ル

◇電話：075-361-5298

◇阪急四条烏丸駅徒歩６分

◇JR京都より地下鉄五条駅徒歩５分

◇創業50年の老舗卸・小売の店で、振袖から小紋までお客様のニーズに合わせてなんでもそろっています。また、小物加工もしており、呉服に関することならお任せ。良い品物を安く提供してくれます。ローンもOKです。仕立ても着る人の幸せを祈りながら、一針一針丁寧に仕上げてくれます。京都本店のほか、妙見店もあります（大阪府豊能郡豊能町吉川　電話：0727-38-1067　能勢電鉄妙見口すぐ）。

■「お掃除に関することなら」

◇株式会社エスプリ（ダスキンサービスマスター）

◇東大阪市荒川3-26-15

◇電話：06-6720-1080

◇三重県名張市新田1249-4

◇電話：0595-65-8411

◇ご家庭から会社、ビル、店舗までのキレイを追求する会社です。ご家庭の定期クリーニングが大好評で、素人ではなかなかキレイにできないことも、さすがプロの腕前で実施。満足のいくお掃除、１度試してみてはいかがでしょう。

■「美容院なら」

◇アトリエ・リボン・グラス

◇堺市黒土町69-2

◇電話：072-257-8984

◇南海高野線百舌鳥八幡駅徒歩６分

◇ヘアダイやパーマで傷んだ髪、また細い髪、癖毛、硬くて太い毛、広がる毛等の中に栄養分（天然素材にこだわったたんぱく質）を使用して、髪を生き生きとさせます。ご家庭でのお手入れやスタイリングが楽になること間違いなし。メニューはストレート・エステやパーマエステ、トリートメントエステ、そしてカラーエステ。予約優先の髪のエステです。

■ 業務用美容機器、化粧品のことなら

◇(有)セイザ

◇大阪市中央区南船場４丁目7-22　船場ＮＳビル4F

◇電話：06-6241-1700

◇地下鉄御堂筋線心斎橋駅北出口２分

◇どこよりも安く、良心的な美容機器、化粧品の卸売り専門の会社です。詳しくは、直接お問い合わせください。

お客様への〝愛情・真心・奉仕〟が自らの喜びになる瞬間
～個人サロンを支える口コミの威力

「好きなことを思いっきりやろう」

そう思って始めた個人サロンですが、私が好きなことを続けられるのは、まぎれもなく来てくださるお客様がいらっしゃるからです。いくら志を高くしようと、いくら話題になろうと、お客様がいなければ、今の私の生活はありえません。私自身の人生の上に、何百ものお客様の生き方を重ね合わせることで、はじめて私の人生が実りあるものになっているのです。今からおよそ三五年前、私の心に灯された美に対する情熱の炎はいまだ衰えることはありません。その情熱は、「お客様にキレイになっていただけた」という結果によって、今まで味わったことのないような充実感を私にもたらしてくれているのです。私にとってお客様はともに人生をおりなす、かけがえのない存在。

「愛情と真心、そして奉仕の気持ちを忘れずに」

お客様に対してそう思う気持ちは、開店以来変わったことが一度もありません。マッサージ一つをとっても自分のお肌をいたわるように、また、お客様の悩みを伺うにしても、若い方に相談されたら自分の娘と同じように親身になります。つねにお客様と向き合います。お客様への感謝の気持ちを大事に育てあげることで、はじめてお客様にキレイになっていただけると思っているからです。そしてその思いこそが私に潤いのある人生を紡がせてくれているのです。

ちなみに私の場合、お客様と向き合って考えることは一つ。それは「今、お客様が何を思っているか。エステに対して何を要求しているか」ということです。言葉を変えれば、「私がこのお客様だったら今どうしてほしいのか?」ということなのです。これが大手のエステならどうでしょう? 目の前にあるのはまず数字です。必然的にお客様のことは見えなくなるし、また実際見ようとしない場合が多いのではないでしょうか?

現在、お客様から、「二号店を」と望まれる声は少なくありません。ただし、「どこまで売り上げが伸びたら二号店を開く」というような具体的な目標はありません。「いずれ時期がくれば自然とそうなるだろう」と思っています。私は開業の時もほとんど数字の目標は立てませんでした。数字の目標を立てると例えば「集客数○人」と決めたらそれにばっかり気持ちがいってしまいます。「売り上げ目標はいくら」と決めたら、数字に追われほかの大事なものが見えなくなってしまうでしょう? 特に金額の目標を立てた場合には、儲けること、お金を稼ぐことだけに神経がいく。それが人間の心理というものです。そうなると本当は私が売りたくないものでも、「一つでも多く売らなければならない」ということになりかねません。そうは絶対なりたくないのです。私が売りたいのは、「お客様にキレイになっていただく」という結果だけ。そしてそのためには、「来店していただくのが一番」と、そう思っているのです。

だからこそお客様に対して、きめの細かいフォローを常に心がけています。繰り返しになりますが、基本は常に「自分がお客様だったら、どうしてもらうとうれしいか」ということなのです。女性の原点にかえって考えるのです。例えばお誕生日の方には葉書を出して、「お誕生日はお祝いなので、お誕生日プレゼントを差し上げます」とします。すると少し間が開いていらっしゃるお客様でも、大抵お誕生日にいらっしゃいます。そしてまた通ってくださるという方がほとんどなのです。

また、しばらくお客様がおみえにならない時は（お客様に）電話をします。ただしそれはほかのサロンのように来店の催促ではありません。私のサロンでは、一〇〇〇円チケットが一二枚ついて一万円という、はじめから二〇〇〇円お得のチケットを販売しています。そして、「もうじき、チケットの有効期限が切れてしまいますよ」との電話もしています。

最初にお金をいただいていますから、経営的には来ていただかなくても状況は変わりません。しかし、お客様は得をしたくてお買い上げくださったのですから、使わなければ結局損をしてしまう。それでは、お客様がお気の毒でしょう？　すべて物事は相手の立場に立って考えないと。

「安かったらいいな、それで効果があったらいいな。お誕生日にプレゼントがあったらいいなあ」

皆、自分にとってあったらいいと思うことばかりです。自分にとってうれしいことなら、きっとお客様にも喜んでいただけるだろうと。しかし、実際にはそのような考え方をするサロンはほかにないでしょうから、そうした考えこそが私のサロンの価値につながっているのだと私は思っています。

あるいは、お客様がいらっしゃったら必ず、

「こんにちは、雨にぬれませんでしたか？」

と何か話しかけるように心がけています。時候の挨拶、ＰＴＡの会合のこと、ご家族のこと。話の内容はなんでもよいのです。ただ、そうして話しかけられると、たとえいらっしゃる前に嫌なことがあったとしても、ついつい気持ちがなごんで自然に相づちを打ちた

くなるでしょう？　そんなちょっとしたことでお客様に心の安らぎを感じていただきたいのです。さらにお客様がお帰りになる時はスタッフが玄関のところまでお見送りします。

「お疲れ様でした。お気をつけて」

そのようなごく当たり前の言葉も忘れないようにしています。トリートメントが終わったら、もう放りっぱなしではさみし過ぎますから。

それとカルテにはお客様の顔が見えるようにありとあらゆるデータをインプットしています。最初のお肌の状態から、トリートメントの内容、例えばまつ毛のカールはごく自然にとか、クルンと思い切りあげる、とか。あるいはお客様の悩みや、お飲み物の好み、さらにはここ最近の趣味や生活上のイベントまで、事細かに記入しておくのです。そうすれば、たとえ担当制をとらなくても、カルテを見るだけでお客様の状態が手にとるように分かるからです。実際、私のところのような個人サロンだと、スタッフが四人しかいないので、お休みのシフトなどを考えてもスタッフ制をしくのはとても難しいのです。

そうした女性心理にダイレクトに働きかけるような気配りを心がけていても、残念ながら売り上げ的に苦しいことも時にはあります。

「こんなに安くてコーヒーまで入れてもらって先生大丈夫ですか？」

そう、心配してくださるお客様もいらっしゃるほど。しかし、私自身が多くを望まずにいればなんとか帳尻は合うものです。例えば、夕飯の買い物。七時過ぎたら半額です。そんななんでもない主婦の知恵で、十分補えるのです。事業主が湯水のようにお金を使っていたら、すぐにそのお店は破綻してしまいます。

ただし現実は厳しく、経営が逼迫した時に一度だけ値上げを考えたことがありました。しかしそれではお客様を裏切ることになります。

「安いから来てくださるお客様に対して、申し訳ない」

そう思って、結局価格は据え置きです。お客様の期待に応えるサロンでなければ、私のやりたかったサロンではなくなってしまいますから。とはいっても、もともとおせっかいなのか、ついつい余計な一言も出てしまうのです。例えば私から見れば十分やせているお客様がもっとやせたいと瘦身コースを希望されるとします。

「できませんよ。それ以上やせたら体に毒ですよ」

と言ってしまうのです。あるいは最近ほとんどのお客様がまつ毛カールを希望されます。ところが、まつ毛がもともとキレイにカールしているお客様っていらっしゃるでしょう？

「やらなくても大丈夫。十分カールしているから」

そう、言ってしまったり。

「先生は商売が下手ね」

と、逆によくお客様から笑われますけれど。

ちなみに私のサロンのお客様は京都、西宮、宝塚、奈良、大阪府全域からいらっしゃっています。私のところで展開できる広告活動といえばポスティング、あるいはミニコミ誌の広告、そして一番広い商圏でもタウン誌くらいのものです。お客様の話を伺うと、そのほとんどが口コミでいらっしゃっているとのこと。

個人サロンなのに、最寄りのお客様以外の方が通い続けてくださる。私にとってはうれしい誤算です。資本もネームバリューもない。あるのは「お客様への愛情と真心、そして奉仕の気持ち」だけです。それでもお客様がほかのお客様を呼んでくださる。それは私の誇り以外の何ものでもありません。と同時に、お客様には感謝の気持ちでいっぱいなのです。

無理をしてでもキレイになりたい時代は終わった

～自分のお肌は自分で守る賢い消費者に

ここで私がどうしてこの本を出そうと思ったのか、その理由をご説明します。

「キレイになって、生き生きと人生を楽しみましょう！」

ただ一言、皆さんにはそうお伝えしたかったのです。

「エステティック・サロンにしろ、化粧品にしろ、高いお金を出せばいいというものではない。まして一方的に情報に躍らされては駄目ですよ。どうせお金や時間を使うなら、納得のいく使い方をしましょう！」

それが私のメッセージなのです。「いきがよい」、「パワーのある女性が増えた」と言われている時代に、女性の共通の課題である〝美〟に対して、どうして皆さんもっと貪欲にならないのでしょうか。どうしてもっと厳しい目で〝美〟にかかわる企業を選ばないのでしょうか？　洋服や食べ物だったら、「より良いものを、より安く求める」のは女性の得意とするところ。それはエステでも化粧品でも同じだと私は思うのです。

まずエステティック・サロン。無理をして自分の生活を壊してまで、高いところにいく必要はありません。最近は質の低いエステが氾濫していて、後のケアをきちんとしていないため、実際トラブルがとても多いのです。多くのお客様が消費者センターに駆け込んでいます。今、ケアの中で最もトラブルが多いのが、前述のソフトピールです。私のサロンではソフトピールをした後のケア方法を紙に書いてきちんとお客様にお渡ししています。

「これは守ってください。そうしないとトラブルが起きますよ」

というように。

契約時のトラブルとなると、それこそ枚挙にいとまがありません。未成年に対しては親の同意書が必要なのはご説明しましたが、年齢を偽らせて、そのまま契約してしまうとか、あるいはぼったくりに近いような極めて悪質なエステも多い。かなりのお客様が実際に経験されているようです。

なんでもローンを取り入れているところで個室に閉じ込められてローンを組むまで帰らせてもらえなかったとか、「アンケートをお願いします」。そう言われてアンケートを記入する。すると自動的に、「じゃあ、これとこの化粧品を買ってください」。

そういうところもあるとか。あるいは、常套句のような「絶対に入らなければ損ですよ」と促され、印鑑を持っていないため母印を押させられたという、キャッチセールスまがいのものもあるなと、ごく最近お客様から聞かされたばかりです。すぐにトラブルが発覚すればまだ不幸中の幸いです。今最も多いのは、大きな金額でローンを組み、時間が経つうちにローンが支払えなくなり、ひいては自己破産というケースなのです。

皆さんもテレビや新聞のニュースなどでご覧になっているかもしれませんが、ローンというのはいうまでもなく借金を抱えるということです。はじめから貯金などの余裕があれば別ですが、例えば一人暮らしのＯＬが、生活を切りつめてまで、エステのローンを払うというのは、それこそ設定自体が無理なのです。皆さん、背伸びをしなければエステに行けない時代はもう過去のこと。〝安かろう、悪かろう〟の時代はもうとっくに終わっているのです。今はお客様がご自分の意志でその価値観に合うエステを取捨選択する時代。主体は企業ではなくお客様なのです。

ちなみに私のサロンでは、原則、現金一括払いです。せっかく安い料金設定をしているのに、金利や手数料がついたら高くなってしまうでしょう？　金額がはるものなどはお客様が希望されれば分割払いにしています。ただしローンではありませんから、金利も手数料も一切無し。郵便局自動引き落としの分一カ月一四〇円だけはご自分で負担していただいています。

そして化粧品。化粧品については第一章で詳しくご説明していますから、少しだけ補足をさせていただきましょう。重要なのは、企業の広告戦略に踊らされないことです。普通の広告は、それこそ皆さんがテレビや雑誌などで目にしない日はないほどだと思います。最近女性誌などでよく見かけるものに、記事広告というものがあります。表面上は記事の形態をしていますが、必ず最後に商品のPRが入っている、記事の形態をした広告のことです。企業にしてみれば商品の売り上げに直結させることが目的ですから、その情報は自ずと客観性が損なわれがちではないでしょうか。ポイントは、その美容情報が発信する側の主観なのか、客観なのかを見極めることです。

私のサロンでは、さまざまな資料を無料でお配りしています。例えば、どうして日焼けが危険なのか？　なぜお肌にコラーゲンが必要なのか？　などです。そのような客観的な情報をご提供することで、少なくともお客様がご自分で吟味して化粧品を買うきっかけになるのではと期待しているのです。

さらに注意していただきたいのは、コマーシャルの露出が多いところ、新商品がシーズンごとに開発されるようなメーカーです。もちろん化粧品メーカーに限らず新商品を開発することは企業の生き残り作戦としてはとても重要なこと。ただし、あまりにも頻繁に新商品が開発されるところは、よく言うベストセラーアイテムが少ないことの裏返しでもあることが多いのです。当然開発費やそれに伴う広告宣伝費がかさみ、それをどこで補うのかといえば商品の単価に上乗せすることが一般的なのではないでしょうか？　そうした市場の仕組みなどの情報を簡単で結構ですから、頭ごなしに否定せず、少しだけ受け入れていただけると、私としてはとてもうれしいのですが。

化粧品というのは、同じ物なら安く買えればそれに越したことはありません。しかしお肌に直接つけるものです。とにかく慎重に選ぶようにしてください。ちなみに化粧品を実際に購入する場合「化粧水はこのメーカーのこの商品がいいけれど、乳液は別のメーカーのあの商品がいい」ということが往々にしてあります。そのような場合、化粧品の成分同士が化学反応を起こしてしまう危険性がない訳ではありません。そうしたことを考えても、化粧品は極力主成分が天然成分のものだけを使うように心がけましょう。それが自分のお肌を守ることにつながるのです。

美を楽しむことは、人生を楽しむこと
～キレイになりたいと思い続けることの意味

大手サロンE社の倒産やクレジット破産被害の続出、あるいは頻発するケアトラブルなど、最近のエステ業界を取り巻く環境は決して良好とはいえません。そのようにどちらかというと、業界に向い風が吹く中、明るい話題を提供しているのがメンズエステの台頭ではないでしょうか？

先日も「今、なぜ男は美しくなりたがるのか？」という内容の特集をテレビで拝見しました。アメリカのビジネスマンなどの間ではエステに通うことは身だしなみの一つと考えられているとか。営業的側面からいえばとても有望な市場なのでしょう。ただし私自身はメンズエステの展開はまるで考えていません。偏見かもしれませんが、男性は女性ほどお肌の悩みが深刻ではないだろうということがその主な理由です。

さらに運営上の問題も考えられます。女性エステティシャンが男性を扱うことに対して違和感があるのではないか。だからといって男性が男性にトリートメントを施すというのも何かしっくりこない。例えばイギリスなどでは、資格制度が整っているため、男性のエステティシャンは社会的に認められているそうです。ただし資格制度が整わない日本で、同じように社会的になじむかといえば、それにはまだまだ時間がかかるのではないでしょうか？　それに男性専科と女性専科が出来ると、男性専科のエステティシャンに対して女性専科のエステティシャンが一種の偏見を持ってしまうのではないかという懸念もあります。そうなれば当然スタッフの和も崩れてしまいます。スタッフの和が崩れると、それは自ずとお客様に跳ね返る。考え過ぎかもしれませんが、女性心理をいろいろなシーンで目の当たりにしてきたので、それが女性の本音なのではないかと思ってしまうのです。ですから、今のところメンズエステに進出する気持ちはまったくといっていいほどありません。私にとってはそれよりも、一人でも多くの女性にキレイになっていただけるようにこの堺以外の場所に二号店、三号店を開くことのほうがまだ現実的ですし、また、そのほうがより深みのある人生を私自身歩むことができそうな気がするのです。

私たちエステティシャンがなすべきことは、「お客様のお肌を正常にして差し上げる」というのが基本です。もし皆さんがお近くに住んでいらっしゃるのなら、「シミをとりたい。ニキビを治したい」。そう思う方はあきらめないで！

「一度ついたシミはとることができない。もう年だし何をやっても無駄だ」。

そう思っていらっしゃる方こそ、キレイになりたいという気持ちを隠さず、ぜひ一度私のサロンにお越しください。少し時間はかかるかもしれませんが、お互いに協力し合いながら、なんとかお肌のトラブルを解消していきましょう。

もしも皆さんが関西エリア以外の場所にお住まいだとしたら、もしくは私のサロンにいらっしゃることができない事情がおありでしたら、ぜひホームケアの正しい方法を覚えてください（お電話での相談も構いません）。

「まず肌質を正しく理解する」
「次に肌質にあった化粧品を選ぶ」
「そして肌質にあったスキンケアの基本を守る」

以上三点だけで、お肌のトラブルは緩和されるはずですから。

皆さん、思い続けていれば必ず道はひらけます。「キレイになりたい」という気持ちだけは忘れずに！

ちなみに、私が今後の課題として考えているのは顔一面に痣《あざ》がある、またはケロイド状の傷のある方のトラブルを一日も早く改善して差し上げたいということです。現在ではそのようなトラブルを抱えている場合、美容整形外科に行かなくてはなりません。ところが、美容整形外科は保険が利かないため、とてもお金がかかります。しかも最近は美容整形外科の技術トラブルも続出しています。将来的にはそのようなお肌の悩みに関する施術を私のサロンで安く、しかも安心して受けていただくことができるようになれば、ということを考えているのです。とはいえ個人サロンですから、独自にそのようなケアシステムを開発するのは困難です。既存のシステムを利用することでなんとか具体的に展開できないものか、今模索しているところなのです。

現在、私のサロンではシミやシワなどに効果的とされるアメリカ製の皮膚再生プログラムを導入しています。お客様の声にもあった〝オバジプログラム〟がそれです。これはアメリカでは医薬品として認められているレチノインを使ったホームケアシステムです。しかし、このレチノイン、日本では医薬品として厚生省の認可が下りていません。そのため日本で入手するにはアメリカからの個人輸入システムを利用しなければならないのです。このシステムを導入するためにはまず、アメリカのドクターオバジが定めたカリキュラムを受けることが必要になります。カリキュラムの内容によって、個人輸入の権利、あるいは取り扱い上の注意を含む個人輸入に関する指導の権利が発生するのです。

私は後者の権利を有するフィットネスカウンセラーという資格を取得しています。本来医薬品であるレチノインは古くなった角質をはがすなど、コラーゲンを自分で再生するのに非常に効果的だといわれています。お肌のトラブルが深刻な場合でも比較的短期間で、お肌を改善することが過去のケースでも多くあるため、エンドユーザーにとっては非常に頼もしいケアプログラムなのです。しかし、医薬品を含んでいれば、当然その扱いには細心の注意を払われなければなりません。そうした使用上の細かい注意点などを消費者に指導し、彼らと正規の個人輸入業者を結び付けるのが、私たちフィットネスカウンセラーの役目なのです。

さて本題とは少しそれますが、最近はインターネットによる個人輸入代行システムなども普及しています。ところが、中には使用上の注意点などを一切購買者に説明しないという場合も少なくはありません。さらに正規の仕入れルートから入手した商品でないものも市場に多く出回っています。もしも皆さんがオバジプログラムを入手したい場合は、ただ安いだけの販売網は注意すべきです。説明書も英語のみの表記ですから、取り扱い上危険な思いをすることにもなりかねません。信頼のおける輸入代行業者などで買うことを心がけてください。

少し横道にそれましたが、私はこのオバジプログラムやあるいは同等以上の高品質なケアプログラムを現在のようなホームケアではなく、サロンケアとしてなんとか展開できないかと考えています。そうすれば前述のケロイドや痣など、深刻なお肌の悩みを持つ女性が少なくとも今よりは明るい気分で毎日を過ごすことができるきっかけになると思うのです。

私は美、とりわけエステティックというものに出合い、楽しい時間を過ごすことができています。エステティックは私に人生の目的を与え、また多くの人々と接する機会を与えてくれました。一〇年前、片方の乳房と引き替えに助けていただいた命に、たくさんの方とともにおりなす人生の素晴らしさを今まさに実感させてくれているのです。美は女性にとって共通の歓びです。老若問わず、貧富問わず、誰もが美しくなることでより穏やかな、よりたおやかな心を手に入れることができるのです。キレイになることによって充足感のある人生を紡ぐ幸せを味わうことができるのです。私はそれらの思いを一人でも多くの女性と共有したい。

すべての女性が美を楽しめるように……。

★MENU――ジョイ オブ ビューティ やまなか

美顔メニュー

●美顔レギュラー　1,500円
●美顔レギュラー(フェイスのみ)　1,500円
●美顔スペシャルパック(フェイスのみ)　2,000円
●美顔海藻パック(フェイスのみ)　3,000円
※デコルテまでの場合は倍額になります
●美顔特別ニキビ　5,000円
●美顔スーパー美白　6,000円
●美顔石膏パックレギュラー　3,000円
●美顔石膏パックスペシャル　6,000円

美顔オプション

●ソフトピール　2,500円
●その他ヒアルロン導入、イオン導入、ムースパック　500円～2,000円

まつ毛

●まつ毛カール　2,000円
●３Ｄ立体まつ毛　10,000円
●その他３Ｄ立体まつ毛　１本～500円

ボディ

●リンパドレナージュ・リンパトーナー　3,000円
●バストアップ　3,000円
●ヒップアップ　4,000円
●ネイルケア　1,000円
●その他ハンドケア、アームケア、フットケア、足裏マッサージ、ネイルアート、アロママッサージ　1,000円～8,000円

痩身

●全身（3カ月）5～7kg　300,000円
●全身（4カ月）6～10kg　400,000円
●部分（腕）　3,000円
●部分（顔・ウエスト・腹・背中）　4,000円
●部分（脚）　4,000円

脱毛

●ワックス（脇）　2,000円
●光（20分）　2,000円
●光脱毛チケット（脇のみ）　3カ月 30,000円
6カ月 55,000円
12カ月100,000円
●その他ワックス（ビキニライン・腕・背中・脚）
3,000円～5,000円

落ちないメイク

●ジョイメイク（眉）　50,000円
●ジョイメイク（アイライン上）　30,000円
●ジョイメイク（アイライン下）　20,000円
ジョイメイク3点セット　10パーセントオフ

オバジプログラム（クリームピール）

●171,150円
(フィットネスカウンセラー指導料を含む)
※宮原クリニック(OMP認定医)と提携

美容整体

●3,000円～5,000円

取り扱い化粧品

●ニュースキン化粧品製品各種
●くれえる化粧品製品各種
●インシストATシステム製品各種（敏感肌専用）
●マイナスイオンエッセンス（酸化・還元の法則に基づいた化粧品）
●AQUA VENUS基礎化粧品(海洋深層水から作られたソープ、ローション、エッセンス)

その他の取扱商品

●ファーマネックス栄養補助食品各種
●くれえる化粧品「環境水、環境クリーナー」
●補正下着（単品）
●マイナスイオン生成器
●エピレーザー（レーザー脱毛器）
●海洋深層水〝秘水〟(水深600ｍと1,400ｍから採取した約2000年前の水)
※一般に売られているのは水深300ｍと340ｍから採取したもので、中層水といわれています。

くれえる化粧品「ギャランティセット」詳細

合計10,800円
お肌に合わない場合、全額返金いたします

セット内容

●ソープ100ｇ　1,000円（使用サイクル約２カ月）
●クレンジング115ｇ　4,000円(使用サイクル約２カ月)
●化粧水30㎎　5,800円（使用サイクル約３カ月）
（１カ月あたり約3,000円の計算になります）

【著者プロフィール】

山中　一江（やまなか　かずえ）

●昭和21年8月17日　岡山県生まれ、大阪育ち
●血液型O型、しし座
●昭和52年から堺市に住み、現在に至る
●「誰にでも利用できる、安くて結果の出るサロンづくりに頑張っています」

綺麗って、素晴らしい～カジュアルサロンのちょっといい話

2001年12月15日　初版第1刷発行

著　者　山中　一江
発行者　瓜谷　綱延
発行所　株式会社 文芸社
〒112-0004　東京都文京区後楽2-23-12
電話　03-3814-1177（代表）
03-3814-2455（営業）
振替　00190-8-728265
印刷所　東洋経済印刷株式会社

ISBN4-8355-2258-3 C0095